Unit-Tests mit ABAP Unit

Damir Majer ist Geschäftsführer der Majer Consulting in München, die Beratung, Coaching und Schulung sowie Projektleitung im IT-Bereich anbietet. Er studierte Informatik an der Ludwig-Maximilian-Universität in München.

Seit 1998 ist Damir Majer im SAP-R/3-Umfeld tätig. Seine Schwerpunkte liegen im Bereich Software-Engineering, im Design und bei der Implementierung von Software-Architekturen sowie im Bereich Software-Testen.

Hier beschäftigt er sich vor allem mit Test-Management und der Einführung von Unit Testing.

Damir Majer

Unit-Tests mit ABAP Unit

dpunkt.verlag

Damir Majer
d.majer@majcon.de

Lektorat: Dr. Michael Barabas
Copy-Editing: Annette Schwarz, Ditzingen
Herstellung und Satz: Frank Heidt
Umschlaggestaltung: Helmut Kraus, www.exclam.de
Druck und Bindung: Koninklijke Wöhrmann B.V., Zutphen, Niederlande

Bibliografische Information Der Deutschen Bibliothek
Die Deutsche Bibliothek verzeichnet diese Publikation in der Deutschen Nationalbibliografie; detaillierte bibliografische Daten sind im Internet über <http://dnb.ddb.de> abrufbar.

ISBN 978-3-89864-539-3

1. Auflage 2009

Ringstraße 19b
69115 Heidelberg

5 4 3 2 1 0

Widmung

Für meine Frau Meli und meinen Sohn Anes

Liebe Meli, lieber Anes,
von euch beiden habe ich viel gelernt, und ich genieße die familiären Momente mit euch.
Du, liebe Meli, warst der Motor und Ideengeber des Buches und hast mir an vielen Tagen den Rücken frei gehalten, damit dieses Projekt gelingt.
Du, lieber Anes, musstest viele Male auf meine Präsenz und das gemeinsame Spielen mit mir verzichten.
Aber bald werden wir wieder die Zeit zusammen verbringen.

Danke für alles.
»Papa« Damir

Inhaltsverzeichnis

1 Einleitung

»Prinzipien für die Entwicklung eines vollkommenen Verstandes:
Studiere die Wissenschaft der Kunst und die Kunst der Wissenschaft.
Entwickle deine Sinne – besonders lerne, wie zu sehen ist.
Erkenne, dass alles mit allem verbunden ist!«

- Leonardo da Vinci

In diesem Buch erläutere ich Ihnen einige der wichtigsten Methoden und Werkzeuge für die ABAP-Programmierung, damit Sie *qualitativ hochwertige* SAP-Software zu einem *angemessenen* Preis innerhalb *angemessener* Zeit erstellen und ausliefern können. Qualitativ hochwertig bedeutet dabei den Anforderungen entsprechend, fehlerfrei, robust und zuverlässig. Angemessen in Preis und Zeit heißt minimale Komplexität bei voller Abdeckung der Anforderungen, bezahlbar und kurzfristig verfügbar.

Ein Autor, der sich das Ziel setzt, ein Buch über Praxiswissen zum Erstellen besserer Software zu schreiben, hat zwei Möglichkeiten. Entweder er stellt vorhandene Methoden und Werkzeuge oberflächlich dar, oder er beschreibt detailliert die wichtigsten Grundlagen für die Praxis.

Ich habe mich für die fokussierte Darstellung der Themen Softwaretest und ABAP Unit im täglichen Einsatz entschieden. Sie erhalten dadurch eine ganzheitliche Sichtweise auf die hier dargestellten Themen. Mein Ziel mit diesem Buch ist es, Ihnen *»eine kleine Idee«* des Themas zu vermitteln, sowie eine mögliche Richtung, wie Sie das hier Behandelte anwenden können.

Die in diesem Buch vorgestellten Aspekte sind praxisrelevant und begegnen Ihnen, dem Leser[1], im Arbeitsalltag immer wieder. Schlagwörter wie *Use-Cases*, *Objektorientierung*, *Softwaretest* oder *Softwarequalität* tauchen häufig auf, doch entschwinden diese Begriffe oft genauso schnell, wie sie in Erscheinung getreten

1. Wenn in diesem Buch die weibliche Form nicht der männlichen Form beigestellt ist, so ist der Grund dafür allein die bessere Lesbarkeit. Selbstverständlich ist immer auch die weibliche Form gemeint.

sind. Der große Nachteil dabei ist, dass Sie bewährtes Handwerkszeug nicht einsetzen können und sich Ihr Projektleben schwerer machen, als es eigentlich nötig ist. In diesem Buch erfahren Sie, was Sie wann und wie am effektivsten einsetzen.

1.1 Für wen ist dieses Buch?

Das Buch *Unit-Tests mit ABAP Unit* wendet sich an ABAP-Entwickler, die Ihre Softwareprodukte qualitativ gut, flexibel und wartungsfreundlich entwickeln möchten. Zusätzlich ist es auch für Softwaretester, Testmanager sowie für Projektleiter wertvoll, da diese Zielgruppe Informationen zum Softwaretest, zu Unit-Tests und deren Integration erhält.

Es beschreibt das *Handwerkszeug* für ABAP-Entwickler, das Testframework *ABAP Unit,* das mit SAP ECC6.0 neu in das SAP-Basis-Release 6.40 integriert wurde. Der besondere Vorteil für den Leser dieses Buches ist die Kombination des Wissens aus den Bereichen Softwareentwicklung und Softwaretest.

Wenn Sie erfahren möchten, wie diese beiden Disziplinen miteinander verbunden sind und wie sie am besten zusammen agieren, dann ist dieses Buch das Richtige für Sie.

1.2 Darum sollten Sie dieses Buch lesen

Wenn eine der folgenden Aussagen auf Sie zutrifft, dann sollten Sie sich dieses Buch unbedingt zulegen:

- Sie sind ABAP-Entwickler und möchten wertvolles Wissen für Ihre Praxis erwerben.
- Sie beschäftigen sich mit Softwaretest und wollten schon immer wissen, was sich wirklich hinter dem Begriff *Nichtfunktionales Testen* verbirgt und wie dieses erfolgreich eingesetzt werden kann.
- Sie sind Testmanager und fragen sich, wieso die ausgelieferte Software in den Testphasen des Integrationstests und Systemtests immer noch einen hohen Anteil an »einfachen Fehlern« enthält und wie Sie das künftig ändern können.
- Sie sind Projektleiter und fragen sich, welche Möglichkeiten bestehen, um den Erstellungsprozess von Software zu verbessern.

1.3 Aufbau des Buches

Das vorliegende Buch ist in zwei Teile gegliedert. In Teil I erfolgt ein allgemein gehaltener Einstieg in das Softwaretesting. Teil II enthält eine Einführung in ABAP Unit, fortgeschrittene ABAP-Unit-Methoden sowie ergänzende Techniken, um Programme zu testen und qualitativ besser zu halten. Alle wichtigen Informationen sind zum Nachschlagen im Anhang zusammengefasst.

Jeder der Teile kann für sich allein gelesen werden. Ich schlage Ihnen aber vor, das Buch Kapitel für Kapitel durchzuarbeiten. Denn selbst, wenn Sie viel über Ihr Fachgebiet wie das Testen oder Programmieren wissen, werden Sie das eine oder andere Thema aus einem anderen Blickwinkel beschrieben finden.

Die einzelnen Kapitel besitzen durchgängig denselben Aufbau: Zu Beginn bekommen Sie einen Überblick über das Thema und die zentralen Ziele des Kapitels werden geschildert. Und am Ende folgt nochmals eine Zusammenfassung der wichtigsten Inhalte.

2 Voraussetzungen & Konventionen

»Es ist nicht genug, zu wissen, man muss auch anwenden;
es ist nicht genug, zu wollen, man muss auch tun.«

- Johann Wolfgang von Goethe

In diesem Kapitel erhalten Sie Informationen zu den Voraussetzungen, um ABAP Unit einzusetzen. Sie erfahren, wo Sie ein Demo-SAP-System herunterladen können und welche Einstellungen im System überprüft werden müssen, damit Sie ABAP Unit-Tests durchführen können. Es werden Informationen zu den im Buch entwickelten Beispielen geliefert und auch einige allgemeine Konventionen zum Programmierparadigma sowie zu weiteren Themen beschrieben, die notwendig sind, um die Art der Umsetzung des Beispiels zu verstehen.

Übersicht über das Kapitel:

- SAP-System installieren
- Customizing-Einstellungen für den Einsatz von ABAP Unit überprüfen
- SAP-Flugmodell
- Programmierparadigma
- Namenskonventionen
- Hinweis zu den Notationselementen der Unified Modeling Language (UML)

2.1 Demo-SAP-System installieren

Damit Sie die Beispiele in diesem Buch nachvollziehen können, benötigen Sie ein installiertes SAP-System. Das SAP-System sollte mindestens SAP Netweaver Application Server ⇨ ABAP Release 7.00 oder höher sein.

Auf dem SAP Developer Network ⇨ [URL: SDN] finden Sie eine Testversion des SAP Netweaver Application Server ABAP zum Download, die Sie lokal auf Ihrem PC installieren können. Navigieren Sie über Downloads -> SAP Evaluation Software -> Web AS zum Paket Sneak Preview SAP NetWeaver 04s – Full ABAP Edition. Detaillierte Informationen zum Ablauf der Installation und zu den Systemvoraussetzungen finden Sie in der Datei Installation Guide.

2.2 Systemeinstellungen überprüfen

SAP-User im Demosystem

Damit Sie die Systemeinstellungen prüfen können, müssen Sie sich erst einmal mit dem richtigen User anmelden. Benutzen Sie für das weitere Arbeiten mit dem Demosystem den User BCUSER. Mit diesem User können Sie Programme entwickeln, Data-Dictionary-Objekte anlegen sowie Customizing anlegen und ändern.

Mandanteneinstellung ändern

Nachdem Sie nun das Demosystem installiert haben, können Sie schon fast loslegen. Sie müssen nur noch überprüfen, ob Ihr aktuell genutzter Mandant überhaupt ⇨ ABAP Unit-Tests erlaubt.

Prüfen Sie nun Schritt für Schritt, ob Ihre Systemeinstellungen genauso aussehen wie die Folgenden.

Geben Sie die Transaktion SCC4 im Transaktionsfenster zum Ändern der Mandanteneinstellung ein und drücken Sie die *ENTER*-Taste.

Abb. 2–1 *Mandanteneinstellung ändern*

Sie befinden sich nun im Bereich der Tabellensicht-Pflege. Die Transaktion SCC4 ruft nichts anderes als die Tabelle T000 auf. Diese Tabelle enthält die technischen Informationen zu den einzelnen Mandanten Ihres SAP-Systems.

Markieren Sie die Zeile mit dem Mandanteneintrag 000 und drücken Sie den *Anzeigen/Ändern*-Button. Der Mandant 000 ist standardmäßig der Mandant, auf dem Sie sich auf dem SAP-Demosystem anmelden und mit dem Sie dann arbeiten können.

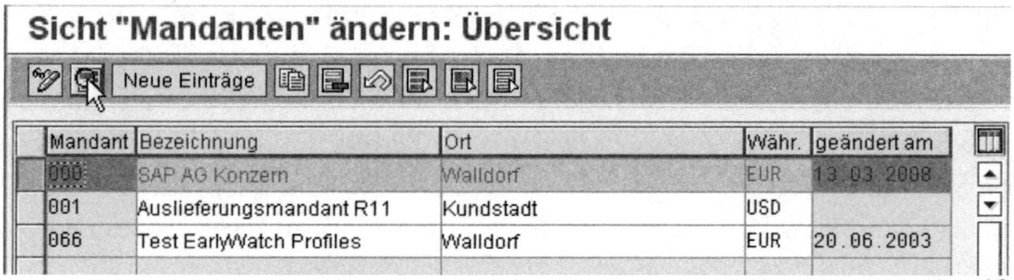

© sap AG

Abb. 2–2 *Anpassung des Mandanten-Customizing*

Durch Drücken des *Detail*-Buttons (Button mit dem Lupen-Symbol) gelangen Sie in die Detailsicht des Mandanten 000.

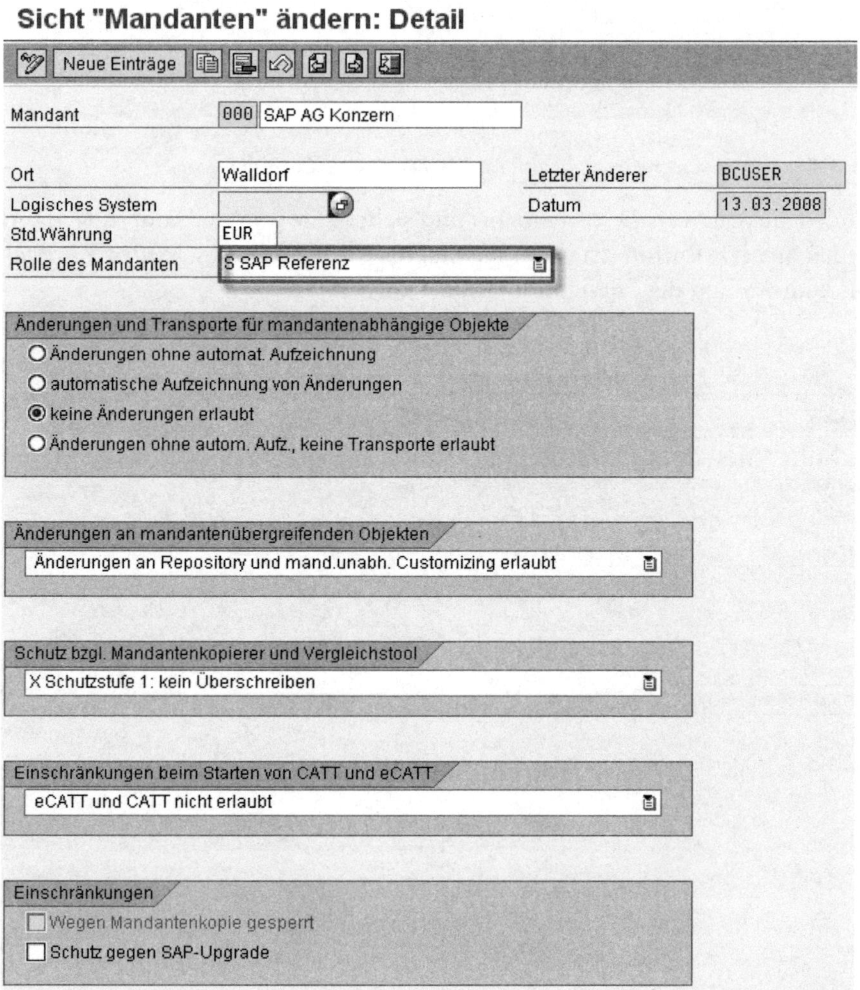

© sap AG

Abb. 2–3 *Mandanten-Customizing: Rolle des Mandanten*

In dem Feld *Rolle des Mandanten* ist im SAP-Demosystem der Wert *S* = *SAP Referenz* eingestellt. Diese Einstellung bedeutet, dass der Mandant 000 als Produktiv-Mandant gesehen wird. Die Testphilosophie der SAP besagt, dass in Produktiv-Mandanten nicht getestet werden soll. Damit Sie trotzdem testen können, ändern Sie nun diesen Eintrag ab. Platzieren Sie den Cursor in das Feld *Rolle des Mandanten* und drücken Sie die F4-Taste. Eine Liste mit verschiedenen Werten erscheint.

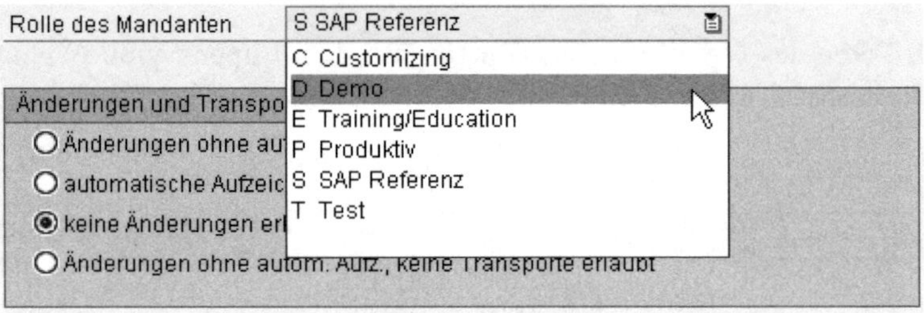

Abb. 2–4 *Mandanten-Customizing: Rolle d. Mandanten auf Demo anpassen*

Wählen Sie den Wert *D* = *Demo* aus und sichern Sie nun die Änderung ab, indem Sie den *Sichern*-Button drücken. Navigieren Sie mittels des grünen *Zurück*-Buttons zum Anfang des Navigationsbaums zurück.

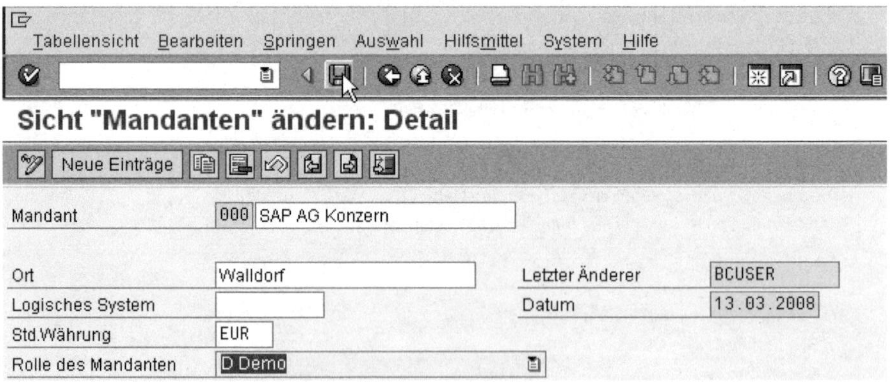

Abb. 2–5 *Mandanten-Customizing: Neue Rolle sichern*

Mandant für ABAP Unit-Tests aktivieren

Wenn Sie sich im Start-Navigationsbaum befinden, geben Sie die Transaktion `SAUNIT_CLIENT_SETUP` ein, ansonsten die Transaktion `/NSAUNIT_CLIENT_ SETUP`[1].

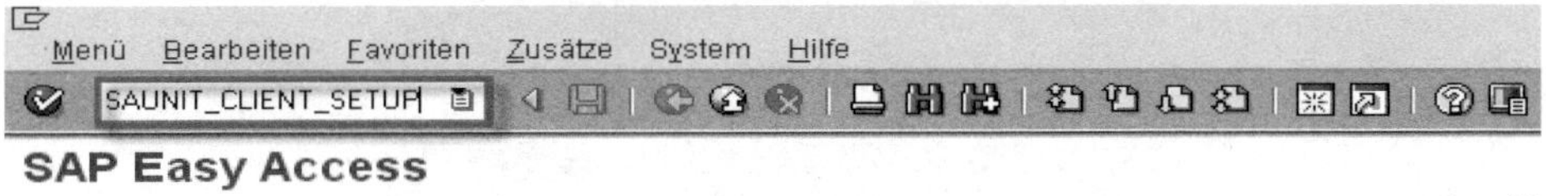

© sap AG

Abb. 2–6 *Transaktion SAUNIT_CLIENT_SETUP*

Nun sehen Sie, ob im aktuellen Mandanten ABAP Unit-Tests erlaubt sind oder nicht. In unserem Fall sind ABAP Unit-Tests nicht erlaubt.

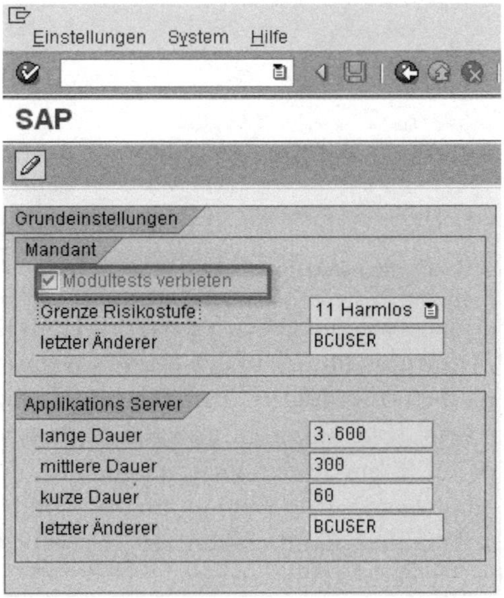

© sap AG

Abb. 2–7 *Modultest im aktuellen Mandanten aktivieren*

1. `/N` bedeutet in diesem Fall, dass die aktuelle Transaktion beendet wird und die eingegebene Transaktion im selben Fenster aufgerufen wird.

Drücken Sie nun den *Ändern*-Button und deaktivieren Sie das Verbot, indem Sie das Häkchen aus der Checkbox *Modultests verbieten* wegnehmen[2].

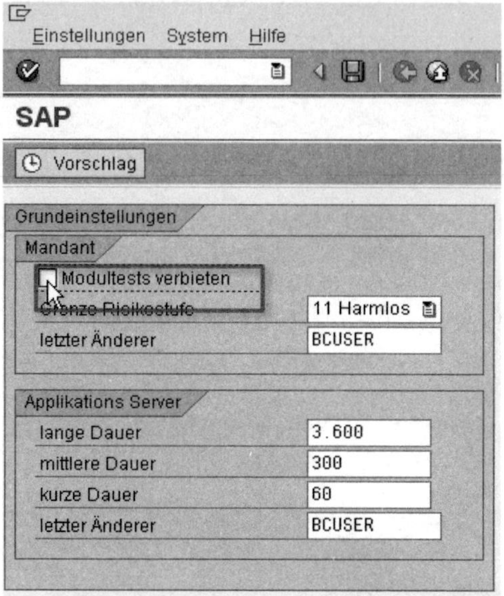

© sap AG

Abb. 2–8 *Modultest im Mandanten aktiviert*

Nun sichern Sie Ihre Anpassung und gehen Sie aus der Transaktion hinaus, indem Sie die Transaktion */N* aufrufen und so in den Start-Navigationsbaum gelangen.

Dies waren vorerst die notwendigen Einstellungen, damit Ihr SAP-Demosystem überhaupt ABAP Unit-Tests durchführen kann. Sollten Sie in späteren Kapiteln feststellen, dass es auf Ihrem System nicht möglich ist, die Tests durchzuführen, weil Sie nicht das Demo-SAP-System nutzen, sondern sich auf Ihrem firmeneigenen System befinden, dann sollten Sie sich unbedingt mit dem SAP-Basis-Verantwortlichen in Verbindung setzen.

2.3 Beispiele im SAP-Flugmodell

Die Beispiele in diesem Buch bewegen sich im SAP-Flugmodell. Es würde den Rahmen dieses Buches sprengen, wenn eine komplette eigene Anwendung erstellt werden müsste, um die Methoden und Tools zur Qualitätssicherung anwenden zu können. Die pragmatische Herangehensweise, Bestehendes zu nutzen und zu erweitern, ist für Sie als Leser am zweckdienlichsten und vor allem praxisgetreu.

2. An dieser Stelle werden wir nun die notwendigsten Einstellungen besprechen. Eine detaillierte Erläuterung zu den weiteren Feldern erfolgt in späteren Kapiteln.

Sie werden Programme für Mitarbeiter eines Reisebüros, die auf Flugdaten zugreifen bzw. diese ändern möchten, entwickeln, testen und auch qualitätssichern.

Im Folgenden sind die wichtigsten Tabellen des Flugmodells aufgeführt:

Tabellenname	Feldname	Bezeichnung
SFLIGHT	CARRID:	Kürzel der Fluggesellschaft
	CONNID:	ID der Flugverbindung
	FLDATE:	Flugdatum
	PRICE:	Preis
	CURRENCY:	Währung
	SEATSMAX:	Maximale Anzahl der Sitzplätze des Flugs
	SEATSOCC:	Aktuelle Anzahl belegter Sitzplätze des Flugs
SPFLI	CARRID:	Kürzel der Fluggesellschaft
	CONNID:	ID der Flugverbindung
	COUNTRYFR:	Länderschlüssel zum Land des Abflugortes
	CITYFROM:	Abflugort
	AIRPFROM:	Startflughafen
	COUNTRYTO:	Länderschlüssel zum Land des Zielortes
	CITYTO:	Zielort
	AIRPTO:	Zielflughafen
SCARR	CARRID:	Kürzel der Fluggesellschaft
	CARRNAME:	Name der Fluggesellschaft
	CURRCODE:	Hauswährung der Fluggesellschaft
SAPLANE	PLANETYPE:	Flugzeugtyp
	SEATSMAX:	Maximale Belegung Economy Class

Tab. 2–1 *Datenbanktabellen des SAP-Flugmodells*

2.4 Download der Beispielprogramme

Sie können sich das Programmpaket mit den im Buch entwickelten Beispielen und den ABAP Unit-Tests auf meiner Website zum Buch herunterladen.

Website zum Buch: *http://www.majcon.de/Publikationen/*

Bitte beachten Sie dabei, dass es sich um die komplett fertiggestellte Anwendung inklusive aller zugehörigen ABAP Unit-Tests handelt. Das Paket enthält damit auch die Komponenten, die nicht im Buch schrittweise gemeinsam entwickelt und getestet werden. Es soll Ihnen als größeres Beispiel dienen, inklusive einer integrierten ABAP-Unit-Testarchitektur.

2.5 Programmiermodell

Das Programmiermodell, mit dem die Beispiele entwickelt werden, ist das Objektorientierte Paradigma. In ABAP ist es nach wie vor möglich, prozedural zu programmieren. Aber der aktuelle Standard der Programmierung in ABAP ist ⇨ ABAP Objects. Dies ist die objektorientierte Form des ABAP. Für den prozeduralen ABAP-Entwickler bedeutete jede Aktualisierung der ABAP-Sprache nur eine Erweiterung der Syntax-Befehle. Die Entwicklung in der SAP hat aber seit einigen Jahren (und System-Releasen) an Fahrt hinzugewonnen. Der Entwickler muss sich mit dem Einsatz von objektorientierten Sprachmitteln auseinandersetzen. Es ist gar nicht mehr möglich, ohne diese Elemente die neuesten Optionen der Technik anzuwenden. Ob es der Einsatz von Enjoy-SAP-Controls ist oder die Verwendung von Web-Dynpro-Technologie, der Entwickler muss die Sprachelemente von ABAP Objects einsetzen. Die SAP empfiehlt[3], weitestgehend auf prozedurale Elemente zu verzichten und nur noch (wo es möglich ist) ABAP Objects einzusetzen.

Hier ein paar Argumente zum Einsatz von ABAP Objects:

- Objektorientierte Programmierung ermöglicht eine bessere Datenkapselung.
- Objektorientierte Programmierung und der Einsatz der Sprachkonstrukte ermöglichen Wiederverwendung von Quellcode.
- ABAP Objects unterstützt ereignisgesteuerte Programmierung.
- ABAP Objects enthält einen sauberen und strukturierten Aufbau an ABAP-Sprachmitteln.
- Die Syntaxprüfung für objektorientierte ABAP-Programme ist strenger, sodass der Entwickler gezwungen ist, noch sauberer zu entwickeln.
- Obsolete Verwendung von ABAP-Sprachmitteln ist in ABAP Objects weitestgehend nicht erlaubt. Die Syntaxprüfung erkennt die Verwendung dieser Sprachelemente.
- Neue ABAP-Technologien besitzen meistens eine objektorientierte Zugangsschnittstelle[4].

SAP entwickelt eigene Basiskomponenten und auch neue Module nur noch objektorientiert. Das heißt, dies ist der aktuelle Stand der Technik, und als Entwickler sind Sie verpflichtet, State-of-the-Art zu entwickeln, da Sie sonst neue Technologien nicht einsetzen können und dadurch die Wartbarkeit Ihrer Programme nicht gewährleistet ist.

3. Präsentation CD350 auf der SAPTechEd 07
4. Eine sogenannte API (Application Programming Interface) ist eine Schnittstelle für die Programmierung von Anwendungsprogrammen.

2.6 Namenskonventionen

Damit Sie sich schneller in die Programme einlesen können, hier die Konventionen, die ich in diesem Buch verwendet habe.

Allgemeine Namenskonventionen

- Entwickungskomponenten besitzen einen englischen Namen.
- Zusammengesetzte Namen sind durch einen Unterstrich getrennt.
- Quelltextkommentare sind in Deutsch verfasst.

Variablen und Parameter

Aus dem Namen der Variablen und dem Parameternamens können Sie die Sichtbarkeit herauslesen. Die erste Stelle der Variablen gibt die Sichtbarkeit vor. Die zweite Stelle der Variablen dient zur Kenntlichmachung des Typs der Variablen (Tab. 2-3). Das Muster für die Bildung der Namen sieht folgendermaßen aus:
<Präfix 1><Präfix 2>_<name>

Präfix 1	Beschreibung
G	globale Variable
L	lokale Variable
M	Klassen-Variable (Member-Variable der Klasse)
P	Parameter eines Reports
S	Selektionsoption eines Reports

Tab. 2-2 *Namenskonventionen Präfix 1*

Präfix 2	Beschreibung
O	Ref to Class (Objekt der Klasse)
I	Ref to Interface
T	Interne Tabelle
R	Ranges-Tabelle
S	Struktur (Work Area)
D	Datenfeld (Variable)
F	Kennzeichen, Flag
H	Hilfsdatenfeld (Hilfsvariable)
C	Konstanten

Tab. 2-3 *Namenskonventionen Präfix 2*

Beispiele:
Eine globale interne Tabelle: `gt_sflights`
Eine globale interne Struktur: `gs_sflight`
Eine globale Variable: `gd_counter`
Ein lokales Flag: `lf_true`
Eine lokale Konstante: `lc_carrid_lh`

Globale Data-Dictionary-Objekte

Komponenten, die global angelegt werden können (Tabellen, Tabellentypen, Strukturen, Programme, Klassen, Interfaces usw.), erhalten als Präfix ein Z. Dies ist der Kundennamensraum[5] für SAP-Objekte.

Präfix	Beschreibung
Z	Data-Dictionray-Objekt

Tab. 2–4 *Namenskonventionen Data-Dictionary-Objekte*

Beispiele:
Dictionary Tabelle: `ZSFLIGHT`
Dictionary Struktur: `ZS_SFLIGHT`
Dicitonary Tabellentyp: `ZTY_SFLIGHTS`
Dicitonary Datenelement: `Z_CARRID`

Globale und lokale Typen

Globale oder lokale Typen werden mit dem Präfix TY_<name> geschrieben.

Präfix	Beschreibung
TY	Typ-Variable, Typ-Zeile und Typ-Tabelle

Tab. 2–5 *Namenskonventionen Typbezeichnungen*

Beispiele:
Globaler Tabellentyp: `TY_SFLIGHTS`
Lokaler Zeilentyp: `TY_SFLIGHT`

Globale und lokale Klassen und Interfaces

Globale Klassen und Interfaces sind auch Data-Dictionary-Objekte. Aus diesem Grund beginnen diese mit einem Z. Ich empfehle an dieser Stelle, dass alle Klas-

5. Der Standardnamensraum für Kundenobjekte ist Z oder Y. Es ist aber auch möglich, einen eigenen Namensraum bei der SAP zu erwerben. Dieser würde dann mit einem Backslash beginnen und enden. Beispielsweise /MJC/ für den möglichen Namensraum für Majer Consulting.

sen als globale Klassen angelegt werden, schlichtweg aus dem Grund, dass die Idee der Objektorientierung die Konzepte der Vererbung, der Ableitung und Nutzung der Klassen vorsieht. Damit Sie Zugriff auf Ihre Klassen haben, sollten die Klassen auch global über den Class Builder (Transaktion SE24 oder SE80) angelegt werden. Dadurch sind diese Entwicklungskomponenten auch öffentlich sichtbar und somit auch in anderen Objekten verwendbar.

Präfix	Beschreibung
ZCL	globale Klasse
ZIF	globales Interface
LCL	lokale Klasse
LIF	lokales Interface

Tab. 2–6 *Namenskonventionen Klassen und Interfacekomponenten*

Beispiele:
Globale Klasse: `ZCL_AEROPLANE`
Globales Interface: `ZIF_VEHICLE`
Lokale Klasse: `LCL_DOMAIN_SELECTION`
Lokales Interface: `LIF_DYNPRO_DISPLAY`

Methoden

Methoden sind »sprechend« bezeichnet, dies erleichtert das Verstehen und Lesen von Programmen. Die Methodenbezeichnung sollte so gewählt werden, dass es nicht mehr notwendig ist, in die Methode hineinzunavigieren, d.h. allein aufgrund der sprechenden Bezeichnung zu wissen, welche Funktionalität die Methode enthält.

Methodenpräfix	Beschreibung
GET_	Methode, die auf Klassenattribute lesend zugreift
SET_	Methode, die auf Klassenattribute setzend zugreift
HANDLE_	Behandlermethode von Klassenereignissen
IS_	Methode, die einen Wahrheitswert zurückliefert
CHECK_	Methode, die prüft

Tab. 2–7 *Namenskonventionen Methodennamen*

Beispiele:
Klassenattribut lesen: `GET_CARRID`
Klassenattribut speichern: `SET_CARRID`

Behandlermethode für Ereignis `NEW_PLANEYPE`: `HANDLE_NEW_PLANETYPE`
Prüfen eines Wahrheitswertes: `IS_BONUS_RELEVANT`
Allgemeine Prüfmethode: `CHECK_VALID_DOMAINS`

Methodenparameter

Der Präfix für Methodenparameter spezifiziert, welche Art von Parametertyp genutzt wird. Die weitere Spezifizierung des Parameters erfolgt nach demselben Prinzip wie der Präfix 2 für Variablen.

Parameterpräfix	Beschreibung
I	Import-Parameter
E	Export-Parameter
C	Changing-Parameter
R	Returning-Parameter

Tab. 2–8 *Namenskonventionen Methodenparameter*

Beispiele:
Importing-Parameter vom Typ interne Tabelle: `IT_SFLIGHTS`
Returning-Parameter vom Typ Wahrheitswert: `RF_KIND`

Methodenaufrufe

In den Methodenaufrufe in diesem Buch wird auf den Syntax-Ausdruck `CALL METHOD` `verzichtet`. Die SAP empfiehlt, seitdem es möglich ist, die Methoden ohne diesen Ausdruck aufzurufen, diesen auch wegzulassen.

Beispiel:
Aus folgendem Methodenaufruf

Listing 2–1

```
CALL METHOD GET_SFLIGHTS
  EXPORTING
    rt_sflights = mt_sflights.
```

wird folgende verkürzte Version:

Listing 2–2

```
mt_sflights = GET_SFLIGHTS( ).
```

2.7 Unified Modeling Language (UML)

In diesem Buch werden Notationselemente der Unified Modeling Language (kurz UML) zur Darstellung der objektorientierten Programme verwendet.

Die Unified Modeling Language ist eine Sprache zur Spezifikation, Konstruktion und Dokumentation von Modellen für Softwaresysteme und Geschäftsmodelle. Der Entwickler erhält die Möglichkeit, den Entwurf und die Entwicklung von Softwaremodellen auf einheitlicher Basis zu diskutieren. Die UML wird seit 1998 als Standard angesehen. Sie lag und liegt weiterhin bei der Object Management Group [URL: OMG] zur Standardisierung vor.

Die UML enthält eine Vielzahl an Diagrammen und Notationselementen. Für die entwickelten Beispiele im Buch sind wenig Notationselemente notwendig, da es hier hauptsächlich darum geht, kurz die Programmelemente und ihre Abhängigkeiten zu skizzieren. Die zwei UML-Diagrammarten, die verwendet werden, sind:

- Use-Case-Diagramm
- Klassendiagramm

Use-Case-Diagramm

Das Use-Case-Diagramm (auch Anwendungsfalldiagramm) besteht aus einer Menge von ⇨ Anwendungsfällen und stellt die Beziehungen zwischen ⇨ Akteuren und Anwendungsfällen dar. Es zeigt das äußerlich erkennbare Systemverhalten aus der Sicht eines Anwenders.

Beschreibung:
Ein Anwendungsfalldiagramm beschreibt die Zusammenhänge zwischen verschiedenen Anwendungsfällen untereinander und zwischen Anwendungsfällen und den beteiligten Akteuren. Es zeigt die Struktur und Zusammenhänge von verschiedenen ⇨ Geschäftsvorfällen und wie mit ihnen verfahren wird.

Notation:
Anwendungsfälle werden durch Ellipsen, die den Namen des Anwendungsfalles tragen, und eine Menge von beteiligten Objekten (Akteuren) dargestellt. Zu jedem Anwendungsfall gibt es eine Beschreibung in Textform. Die Beschreibung kann ausführlich oder stichpunktartig erfolgen. Es empfiehlt sich aber eine inhaltliche Gliederung. Die entsprechenden Anwendungsfälle und Akteure sind durch Linien miteinander verbunden. Akteure können durch Strichmännchen o.ä. Symbole dargestellt werden. Die Systemgrenze wird durch einen Rahmen um die Anwendungsfälle symbolisiert.

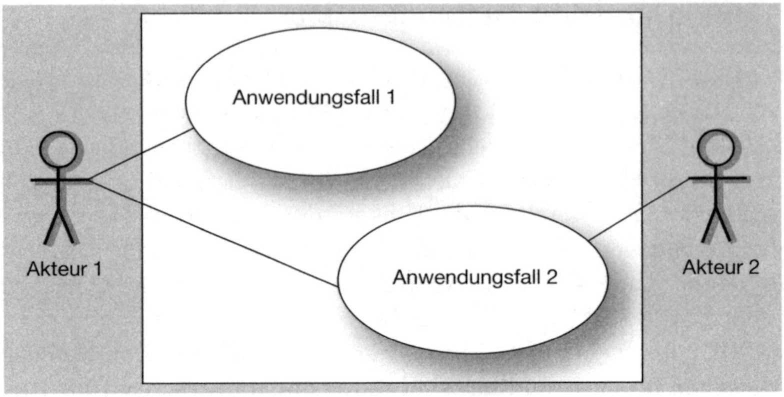

Abb. 2-9 *Anwendungsfalldiagramm*

Anwendungsfälle können hierarchisch geschachtelt werden. Ein Anwendungsfall kann weitere Anwendungsfalldiagramme enthalten und somit in mehrere genauere Anwendungsfälle untergliedert werden. Anwendungsfälle tragen zur Identifikation einen eindeutigen Namen oder eine Nummer.

Klassendiagramm

Eine ⇨ Klasse ist eine Menge von ⇨ Objekten, in der die Eigenschaften (⇨ Attribute), ⇨ Operationen und die Semantik der Objekte definiert werden. Alle Objekte einer Klasse entsprechen dieser Festlegung.

Beschreibung:
Eine Klasse ist eine Zusammenfassung gleichartiger Objekte. Objekte sind die agierenden Grundelemente einer Anwendung. Die Gleichartigkeit bezieht sich auf Eigenschaften (Attribute) und/oder auf Fähigkeiten (Operationen/Methoden) der Objekte einer Klasse. Eine Klasse enthält gewissermaßen die Konstruktionsbeschreibung für Objekte, die mit ihr erzeugt werden. Das Verhalten der Objekte wird durch die Möglichkeit eines Objektes, Nachrichten zu empfangen und zu verstehen, beschrieben. Dazu benötigt das Objekt bestimmte Operationen. Die Begriffe Operation und Nachricht sollten nicht synonym verwendet werden. Zusätzlich zu Eigenschaften und Fähigkeiten kann eine Klasse auch Definitionen von Zusicherungen, Merkmalen und ⇨ Stereotypen enthalten.

Notation:
Klassen werden durch Rechtecke dargestellt, die den Namen der Klasse und/oder die Attribute und Operationen der Klasse enthalten. Klassenname, Attribute und Operationen werden durch eine horizontale Linie getrennt. Der Klassenname steht im Singular und beginnt mit einem Großbuchstaben. Attribute können näher beschrieben werden, z.B. durch ihren Typ, einen Initialwert und Zusicherungen. Sie werden aber mindestens mit ihrem Namen aufgeführt. Operationen

können ebenfalls durch Parameter, Initialwerte, Zusicherungen usw. beschrieben werden. Auch sie werden mindestens mit ihrem Namen aufgeführt.

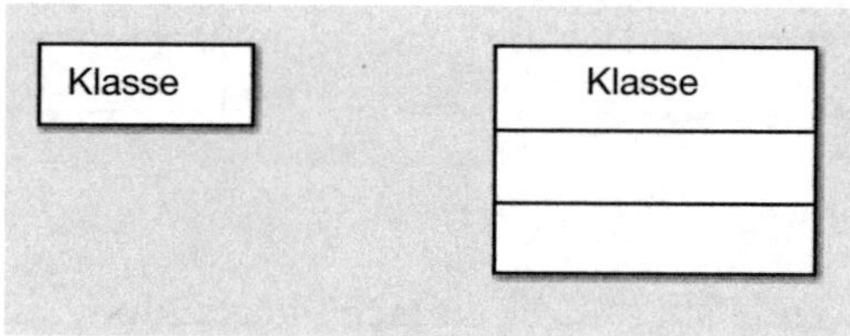

Abb. 2–10 *Klassendarstellung*

Symbole

Aufgrund der besseren Lesbarkeit werden nur wenige UML-Notationselemente eingesetzt. Anbei die wichtigsten Symbole inklusive Erklärung.

Vererbung:

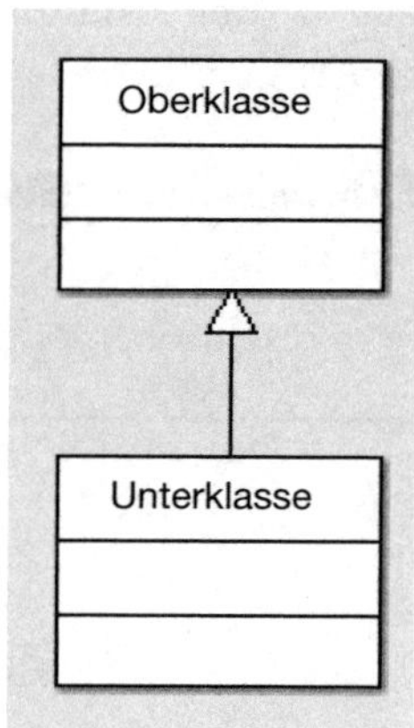

Abb. 2–11 *Vererbung zwischen Klassen*

Der Pfeil nach oben signalisiert, dass eine Vererbungsbeziehung vorliegt. Das heißt, die Unterklasse ist eine Spezialisierung der Oberklasse. Beispielsweise ist ein Entwickler eine Spezialisierung der Oberklasse Mensch.

Assoziation:
Es gibt verschiedene Arten von Beziehungen (Assoziationen) zwischen Klassen. Folgende Unterscheidungen sind möglich: Klassen können eine einfache Beziehungsstruktur haben (im ursprünglichen Sinne die Assoziation), die Beziehung kann ein zwingender Teil einer Klasse sein (Komposition) oder die Klasse kann ein Bestandteil (kein zwingender) der anderen Klasse sein (Aggregation).

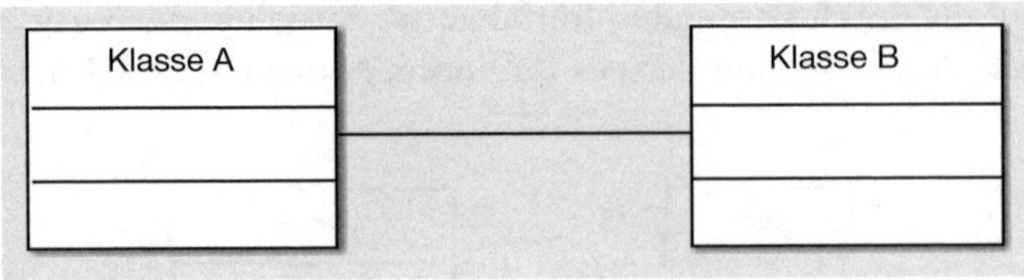

Abb. 2–12 *Assoziation zwischen Klassen*

In diesem Buch verwende ich nur die einfache Verbindung, um alle Assoziationsformen darzustellen.

2.8 Sonstiges

Querverweise oder Hinweise auf weiteres Infomaterial werden im Buch mit einem Pfeil ⇨ gekennzeichnet. Entweder Sie finden weitere Erläuterungen im Anhang, oder die zugehörige Seitenzahl zum Querverweis steht dabei.

Zur besseren didaktischen Erklärung eines Themenbereichs verwende ich eine fiktive Unterhaltung zwischen drei Programmierern. Die entsprechenden Abschnitte sind in der folgenden Art gestaltet:

The Three Amigos: Mr. Good, Mr. Bad and Mr. Pragmatic

Praxistipps sind entweder im Text beschrieben oder wie folgt gekennzeichnet:

▶ **BEST PRACTICE** --

Teil I

Rund ums Testen

3 Beispiel mit ABAP Unit

»Grau, teurer Freund, ist alle Theorie,
und grün des Lebens goldener Baum.«

Mephisto im 1. Teil von Goethes Faust

Bevor wir in die Details des Softwaretestens mit ABAP Unit und die dazugehörigen Methodiken einsteigen, werden wir erst einmal ein einfaches Beispiel Schritt für Schritt durchgehen. Der Vorteil liegt auf der Hand: Sie sehen ohne viel Theorie einen kleinen Einsatz des Testframeworks ABAP Unit. Versuchen Sie einfach, die folgenden Schritte in Ihrem System nachzuvollziehen. Natürlich können wir bei einem Einführungsbeispiel erst einmal nur ein kleines, unkompliziertes Programm mit Hilfe von ABAP Unit testen.

Übersicht über das Kapitel:

- Ein kleines Beispiel im Flugmodell
- Ein Schnellstart in ABAP Unit

Das Beispiel, das wir gemeinsam entwickeln und auch testen, werden wir im SFLIGHT-Schulungsmodell der SAP programmieren. Wir bedienen uns einfach der bereits vorhandenen Komponenten, die uns das SAP-System[1] liefert.

Das Programm, das entwickelt wird, soll den Einsatz und die Handhabung des ABAP Unit Frameworks demonstrieren und enthält im Grunde genommen keine Anwendungslogik.

Es soll die Anforderung erfüllen, anhand einer Vollreservierung der Plätze eines Flugzeugmodells eine Nachricht an das Call-Center zu schicken, wie viele freie Plätze noch vorhanden sind. Stellen Sie sich doch einmal vor, Sie haben einen Platz im Flugzeug reserviert und -- wenn Sie dann Ihre Karte beim Check-in abholen wollen -- erfahren Sie, dass Sie leider nicht mitfliegen können!

1. Damit Sie die Beispiele in der beschriebenen Form implementieren können, wird ein SAP-System mit mindestens Basis-Release 7.00 vorausgesetzt. Die grundlegenden Eigenschaften des ABAP Unit Frameworks sind schon ab Basis-Release 6.40 vorhanden.

3.1 Die Anforderung umsetzen

Die Anforderung sieht auf den ersten Blick ganz einfach aus. Wir haben Sitzplätze und wir haben ein Flugzeug. Wenn zu einem Flug noch frei verfügbare Sitzplätze vorhanden sind, dann sollen diese gemeldet werden.

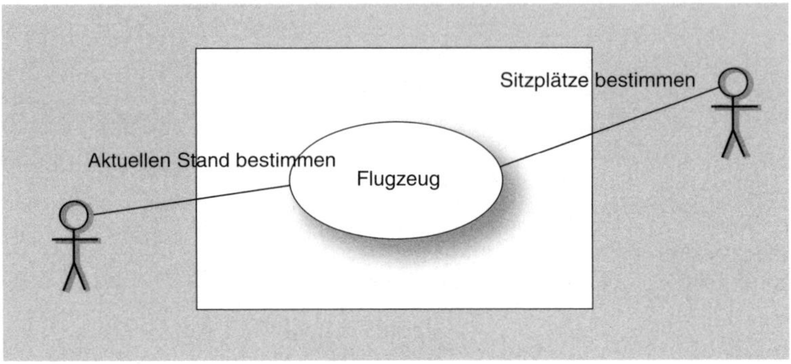

Abb. 3–1 *Anwendungsfall Einführungsbeispiel*

Im SFLIGHT-Flugmodell identifizieren wir die Tabelle SFLIGHT. Dort finden wir im Feld PLANETYPE die Verknüpfung zur Tabelle SAPLANE, die uns die Information liefert, zu welchem Flugzeugmodell die Sitzplätze gehören.

Die Umsetzung ist einfach: Wir ermitteln die Anzahl der Sitzplätze, die momentan belegt sind. Dann ermitteln wir für den Flugzeugtyp die maximal belegbare Anzahl an Sitzplätzen. Die Differenz der beiden Werte ergibt dann die verfügbaren Sitzplätze. Rufen Sie den Object-Browser mit der Transaktion SE80 auf.

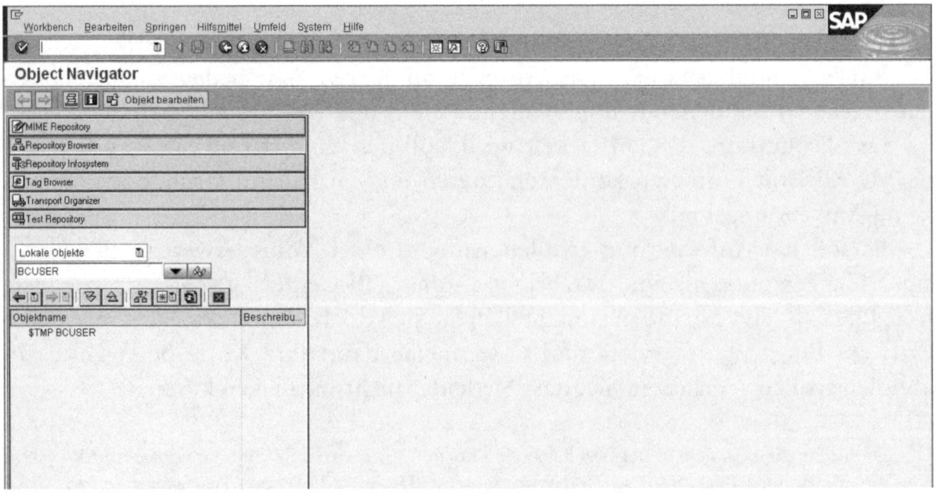

Abb. 3–2 *Aufruf des Object-Browser*

In SAP sind Softwarekomponenten in Form von Paketen strukturiert. Geben Sie unterhalb des Paketfensters das Paket `ZAUNIT` ein und betätigen Sie dann die <ENTER> Taste:

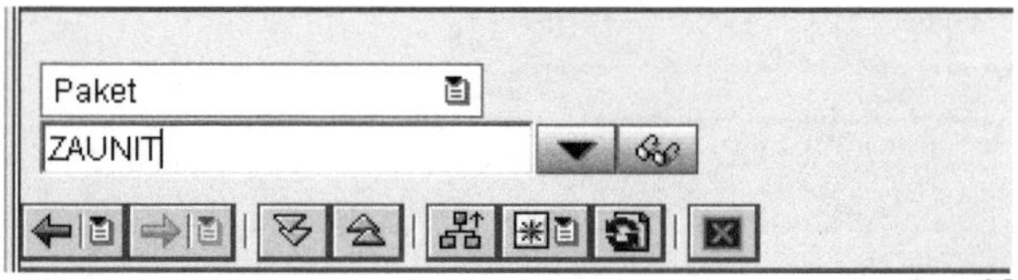

© sap AG

Abb. 3–3 *Paket eingeben*

Nun erscheint folgendes Dialogfenster. Bestätigen Sie dieses durch Klicken des *Ja*-Buttons:

© sap AG

Abb. 3–4 *Paket anlegen*

Geben Sie die Kurzbeschreibung ein und drücken Sie die F5-Taste oder den *Anlage*-Button.

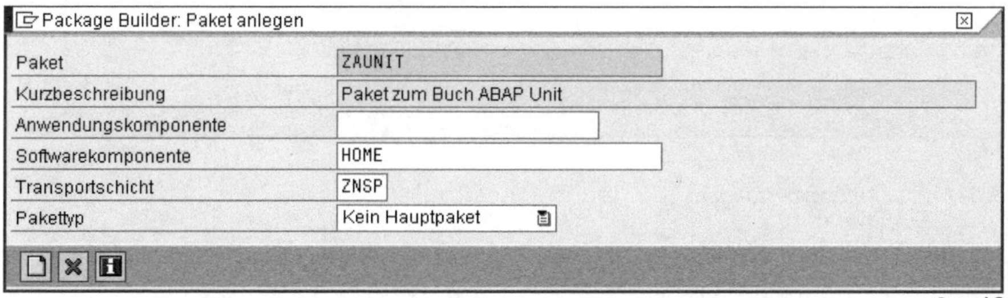

© sap AG

Abb. 3–5 *Kurzbezeichnung zum Paket*

Als Nächstes müssen Sie einen Transportauftrag angeben. Dazu drücken Sie im folgenden Fenster die F5-Taste oder den *Anlage*-Button. Jetzt geben Sie im Kurzbeschreibungsfeld die Kurzbeschreibung ein und sichern mit dem *Sichern*-Button.

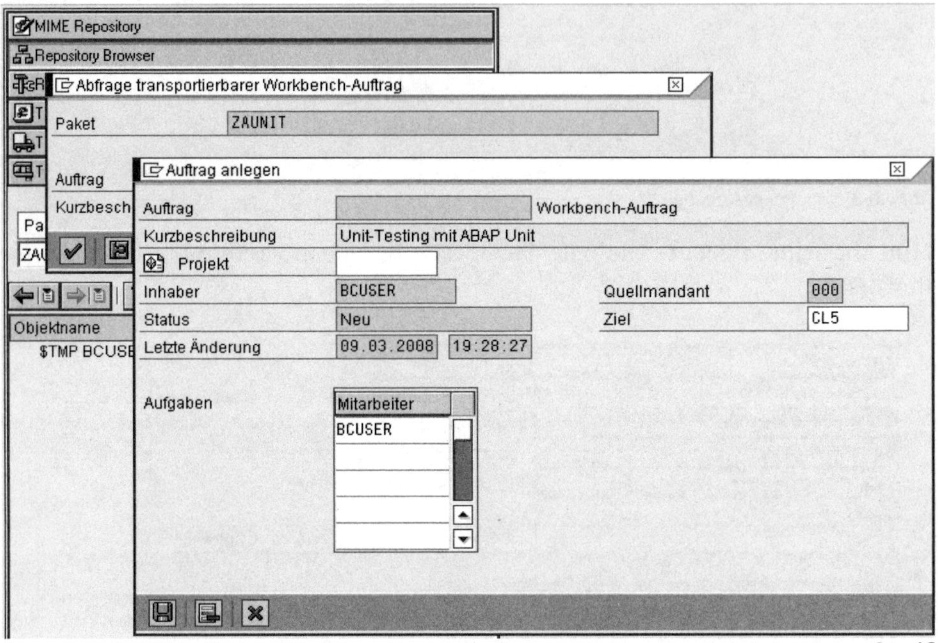

Abb. 3–6 *Auftrag anlegen*

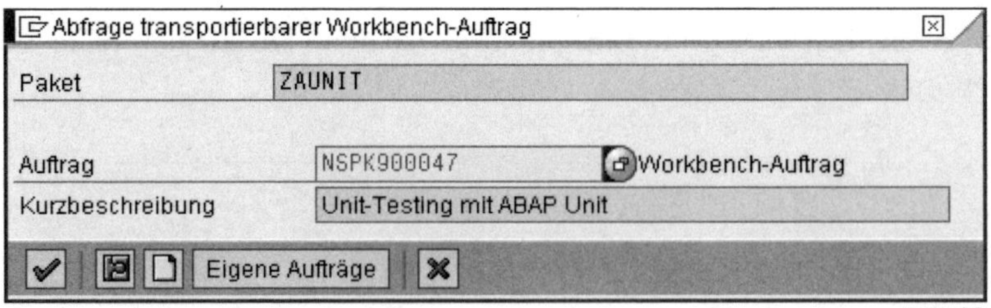

Abb. 3–7 *Auftrag bestätigen*

Nach dem weiteren Bestätigen ist das Paket `ZAUNIT` angelegt. Gut, dies wäre nun geschafft. Jetzt werden wir das Programm `ZAU_VERIFY_SEATS` anlegen.

Platzieren Sie die Maus auf dem Paket `ZAUNIT`. Nun drücken Sie die rechte Maustaste. Im folgenden Kontextmenü navigieren Sie über *Anlegen* zu *Programm* und klicken den Menüeintrag an.

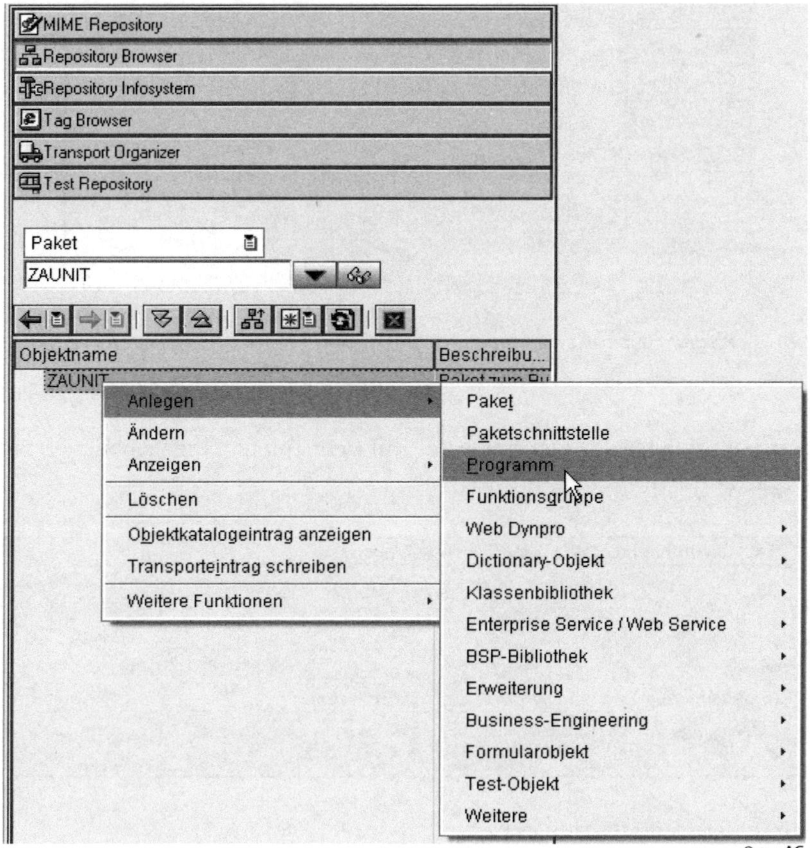

Abb. 3–8 *Programm anlegen*

In dem folgenden Dialogfenster geben Sie den Reportnamen ZAU_VERIFY_SEATS ein. Weiterhin deaktivieren Sie die Checkbox mit *TOP-Include*.

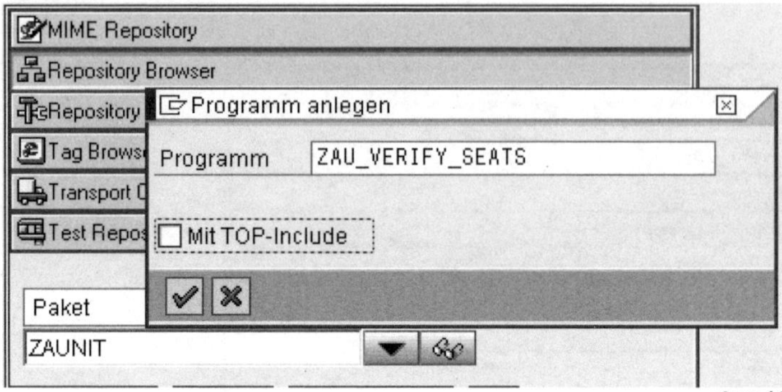

© sap AG

Abb. 3–9 *Programmnamen eingeben*

Nun erscheint wieder das Dialogfenster mit dem zuletzt eingegebenen Transport. Klicken Sie auf den *Weiter*-Button.

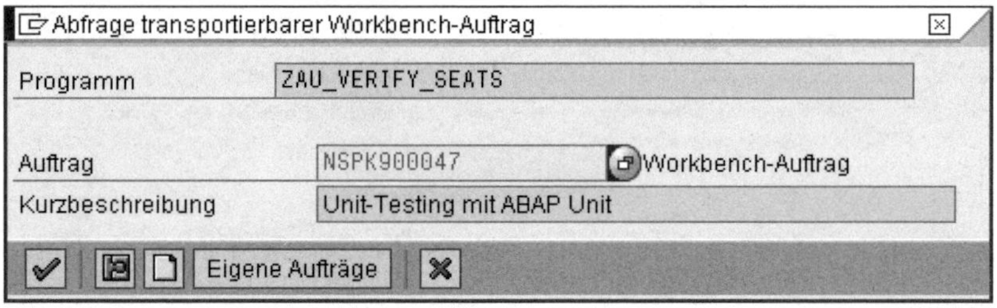

© sap AG

Abb. 3–10 *Transportauftrag bestätigen*

Der Report ZAU_VERIFY_SEATS ist angelegt und muss nun aktiviert werden.

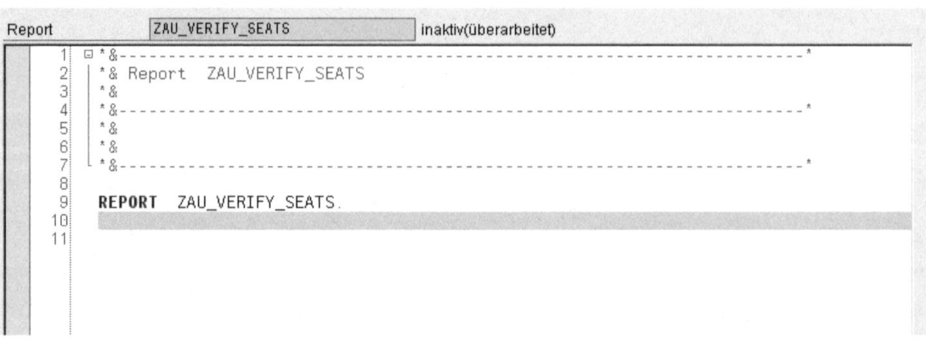

© sap AG

Abb. 3–11 *Programmcoding*

Das Aktivieren erreichen Sie, indem Sie in der Button-Leiste die Kerze anklicken.

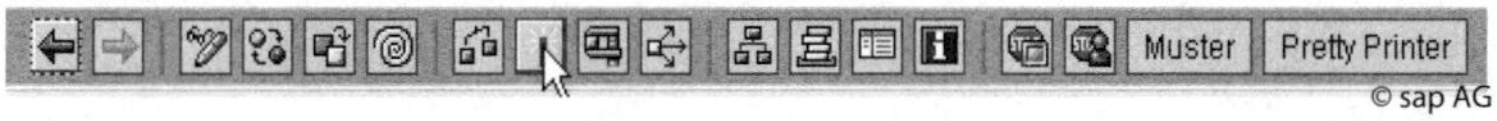

Abb. 3–12 *Programm aktivieren*

Das Programm ZAU_VERIFY_SEATS ist nun aktiviert.

Geben Sie bitte folgendes Coding ein:

Listing 3–1

```
Report ZAU_VERIFY_SEATS.

data:
  gs_sflight       type sflight,
  gs_saplane       type saplane,
  gd_sflight_max   type i,
  gd_sflight_free  type i.
```

Dieser Teil war einfach. Nun werden wir im Schleifendurchlauf die Anzahl an Sitzplätzen erhöhen, um dann mit dem Flugzeugmodell zu prüfen, ob die maximale Anzahl an Sitzplätzen erreicht ist!

Listing 3–2

```
..
start-of-selection.

* Anhand des Flugzeugtyps der Fluggesellscahft wird die
* maximale Anzahl an Sitzplätzen selektiert,
* die aktuell belegt sind.
  select single *
    from sflight
    into gs_sflight
      where carrid = 'LH'
        and planetype = 'A319'.

* In dem Feld SEATSMAX, SEATSMAX_B und SEATSMAX_F
* ist die Belegung enthalten. Diese Werte werden addiert
* und ergeben die Anzahl der maximal belegten Plätze.

  gd_sflight_max = ( gs_sflight-seatsmax + gs_sflight-seatsmax_b +
  gs_sflight-seatsmax_f ).
```

Listing 3–3

```
* Nun wird die Anzahl gegen das Fassungsvermögen des Flugzeuges geprüft.
  select single *
    from saplane
    into gs_saplane
      where planetype = 'A319'.

* Nun ermitteln wir die Anzahl der freien Plätze und geben diese weiter an
* das Callcenter.

  gd_sflight_free = gd_sflight_max - ( gs_saplane-seatsmax +
  gs_saplane-seatsmax_b + gs_saplane-seatsmax_f ).

 write:

    /01 '  Aktuell belegt:', gd_sflight_max,
    /01 'Freie Sitzplätze:', gd_sflight_free.
```

Das war´s! Ein paar Zeilen, welche die gewünschte Anforderung umsetzen.

3.2 Der Test

Es lohnt sich kaum, die 10 Zeilen Coding zu testen, doch in diesem Kapitel geht es um ein einfaches Beispiel, um den Einsatz des ABAP Unit zu demonstrieren. Den Test werden wir so aufbauen, dass wir einen Parameter mit dem Flugzeugmodell übergeben und dann einen weiteren Parameter mit der Anzahl der zu reservierenden Sitzplätze. Also legen wir gleich los mit dem ABAP Unit! Zuerst definieren wir eine Klasse mit der entsprechenden Testmethode im bestehenden Programm `ZAU_VERIFY_SEATS`:

Listing 3–4

```
class lcl_test definition for testing.
  "#AU Risk_Level Harmless
  "#AU Duration   Short

public section.
  methods:
    t1 for testing.
endclass.
```

Wir haben nun zunächst eine lokale Klasse im Programm definiert. Mit dem Zusatz `FOR TESTING` geben wir bekannt, dass es sich um eine Testmethode handelt. Nun wollen wir folgende Inhalte testen:

- Anzahl der Sitzplätze für den Flugzeugtyp ermitteln
- Reduzierung um die frei verfügbaren Sitzplätze
- ...Müsste dann den Wert der aktuell belegten Sitzplätze ergeben

Listing 3–5

```
class lcl_test implementation.
  method t1.

* Anzahl an Sitzplätzen ermitteln
    data:
      ls_saplane type saplane,
      ld_seats type i.

 select single *
      from saplane
      into ls_saplane
        where planetype = 'A319'.

*   Fassungsvermögen des Flugzeugs
    ld_seats = ( ls_saplane-seatsmax + ls_saplane-seatsmax_b +
    ls_saplane-seatsmax_f ).

*   Reduzierung um den bekannten ermittelten Wert (60)
    ld_seats = ld_seats - 60.
...
```

Nun ist es so weit – wir implementieren den ersten Test, um folgende Anforderung zu prüfen:

- Wenn dieser Zustand eingetroffen ist, wird geprüft, ob eine Nachricht mit dem Hinweis »alle Sitzplätze belegt« ausgegeben wird.

Dies erreichen wir dadurch, dass wir den aktuellen Inhalt der maximal zu reservierenden Sitzplätze auf der Datenbank mit dem Inhalt vergleichen, der uns von der Funktionalität des Programms gegeben wird. Hierfür benutzen wir die ABAP Unit Klasse `CL_AUNIT_ASSERT`. Die Klasse enthält diverse Prüfmethoden, um Tests durchzuführen. Weitere Details erhalten Sie in dem späteren Kapitel »Einstieg ABAP Unit«. Für den ersten Test werden wir uns der Methode `ASSERT_EQUALS` bedienen, die der obigen Anforderung entspricht.

Listing 3–6

```
...
*   ld_seats enthält nun die frei verfügbare Anzahl
*   an Sitzen, diese müssten mit der Variablen
*   gd_sflight_max übereinstimmen, denn dort sind die
*   freien Sitzplätze selektiert.
```

```
      cl_aunit_assert=>assert_equals(
        act = ld_seats
        exp = 280
        msg = 'Anzahl entspricht nicht Datenbankinhalt!' ).
    endmethod.
  Endclass.
```

Fertig! Nun sind wir so weit, dass wir den ABAP Unit-Test durchführen können. Dazu gehen Sie im Object-Browser zum Report ZAU_VERIFY_SEATS und drücken Sie die rechte Maustaste. Im erscheinenden Kontextmenü gehen Sie dann zum Menüpunkt *Ausführen* und dann weiter zum Menüpunkt *Modultest*. Nach erneutem Drücken des Menüpunktes wird der ABAP Unit-Test durchgeführt.

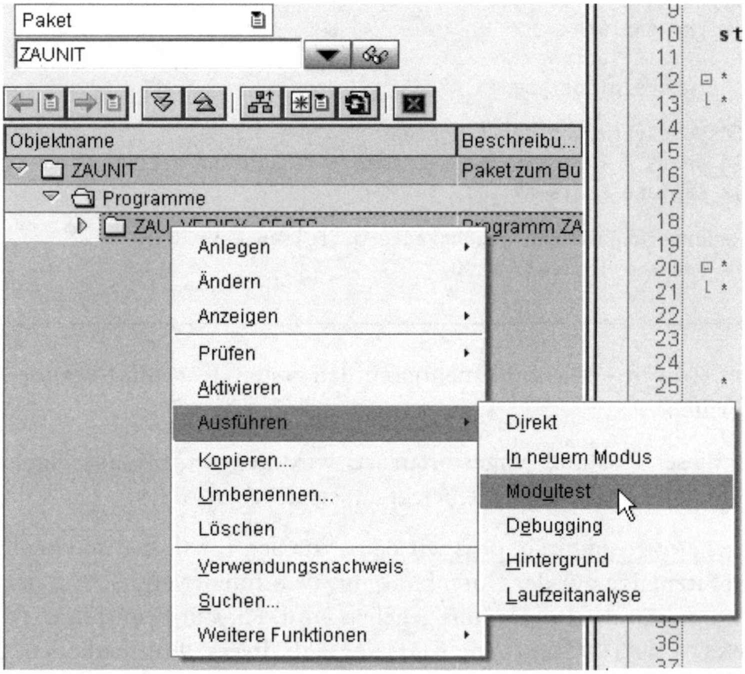

© sap AG

Abb. 3–13 *Modultest ausführen*

Das Ergebnis des Tests besteht nun darin, dass die ABAP-Unit-Ergebnisanzeige erscheint. Die Anzeige enthält drei Bereiche. Der linke Bereich gibt Informationen zum Ausführungsobjekt sowie zur zugehörigen Testklasse und Testmethode an. Das rote Icon in der Spalte Zustand besagt, dass es Fehler beim *Modultest* gab. Der nächste Bereich in der rechten oberen Hälfte gibt Auskunft zur Fehlermeldung, und der untere dritte Bereich enthält Detailinformationen zum ABAP Unit-Test.

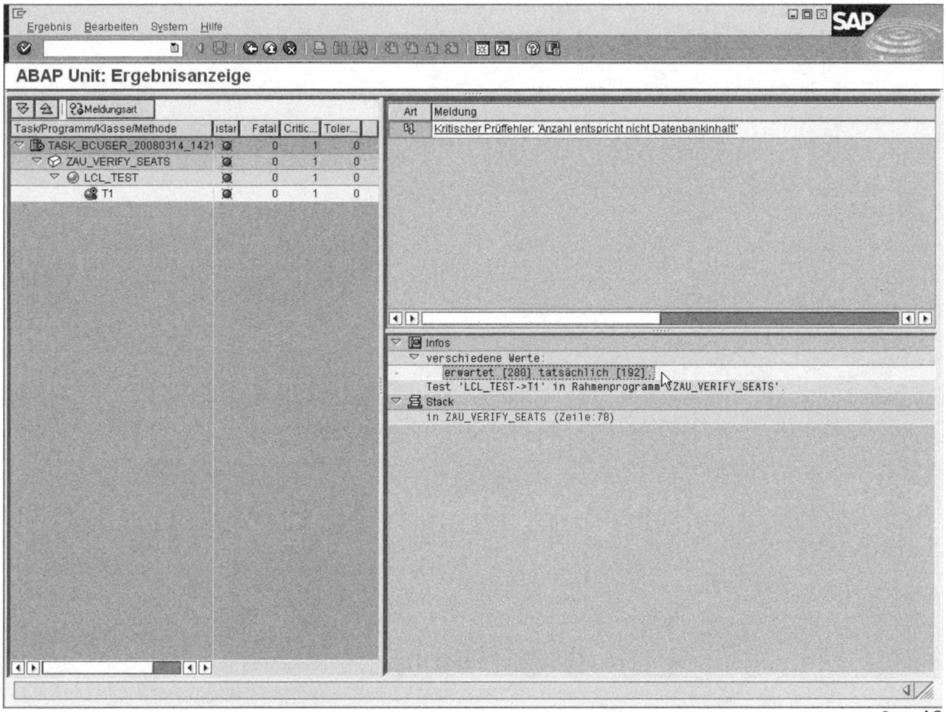

Abb. 3–14 *Modultest Ergebnisanzeige*

3.3 Zusammenfassung

Wir haben mithilfe des Frameworks ABAP Unit einen Unit-Test[2] durchgeführt. Durch diesen einfachen Test haben wir entdeckt, dass die Umsetzung der geforderten Anforderung nicht so funktioniert wie erwartet. Dies gibt uns nun die Möglichkeit, zu erfahren, welche Ursachen es dafür gibt, dass die Funktionalität nicht richtig umgesetzt ist. Aber ganz nebenbei haben wir auch Folgendes gesehen:

- ABAP Unit wird mit ABAP Objects entwickelt.
- Die entwickelten Tests können jederzeit wiederholt werden.
- Selbst bei so einfachen Programmen können Fehler vorhanden sein.

---

2. In Kapitel 5 erfahren Sie mehr zum Thema Testen und was sich hinter dem Begriff Unit-Test verbirgt.

4 Motivation für das Testen

> »Wir bauen Software wie Kathedralen:
> Zuerst bauen wir – dann beten wir.«
>
> Gerhard Chroust

Von einem Praxisbuch erwartet der Leser, dass auf jeden Fall genug praxisrelevantes Material enthalten ist. Diese Erwartung finden Sie hier bestätigt. Doch was ist das Ziel und welches theoretische Fundament ist notwendig, um ausreichend informiert zu sein, damit Sie sich als Leser sofort zurechtfinden können?

Übersicht über das Kapitel:

- Die Selbstverständlichkeit des Softwaretestens
- Der Zusammenhang zwischen Testen und Qualität
- Der Vorteil der Risikominimierung

4.1 Tests geben Sicherheit

Ist Testen die Feststellung von Qualität, oder bedeutet es Fehler zu finden?

»Testen ist der Prozess, ein Programm mit der Absicht auszuführen, Fehler zu finden.«
Glenford, J. Myers

Möchten Sie in einem Auto sitzen, das nicht fahrtauglich ist? Halten Sie es für wichtig, dass die Sicherheitsprüfungen bei Ihrer Kreditkarte gemacht werden? Für welche Bank würden Sie sich entscheiden? Für die Bank, die mit ihrer langjährigen Zuverlässigkeit in puncto Sicherheit wirbt, oder für die Bank, die als »First Mover« in sehr innovativen IT-Technologien bekannt ist?

Die Entscheidung scheint für Sie persönlich klar zu sein. Aber wieso wird dem Testen häufig in Projekten kaum Gelegenheit gegeben, zur Ausführung zu kommen? Die Antwort liegt klar auf der Hand:

- Software enthält keine Fehler.
- Programmierer sind unfehlbar.

Oder sieht die Antwort eher so aus?

- Das Projekt wurde falsch geplant, für die Testaktivitäten stehen keine Ressourcen und kein Budget zur Verfügung.
- Dem Kunden wird eine Beta-Version[1] ausgeliefert, er wird dies schon akzeptieren und weiteres Budget zur Verfügung stellen, um dann in der Folgephase, als Beta-Tester, mögliche Fehler zu entdecken und entfernen zu lassen.

Diese dürfte schon eher der Praxis entsprechen. Solange die Kunden mitspielen und die Projekte trotz falscher Planung als Erfolg gefeiert werden, ist die Welt noch in Ordnung..Doch diese Einstellung könnte von kurzer Dauer sein. Sollte der Kunde diese Methode entlarven, dann könnte dies einen großen Imageverlust bedeuten – abgesehen vom Ärgernis beim Kunden und der zukünftigen Zusammenarbeit mit Ihnen als Softwarelieferant.

Test sind wichtige Maßnahmen zur Qualitätssicherung in allen Prozessphasen der Softwareentwicklung. Doch was wird unter Qualität bzw. in unserem Fall unter Softwarequalität verstanden? Schauen wir uns an, was die DIN[2] 55350 als Qualität definiert:

---

1. Eine Beta-Version ist eine unfertige Version eines Computerprogramms. Häufig sind Beta-Versionen die ersten Versionen eines Programms, die vom Hersteller zu Testzwecken veröffentlicht werden.
2. Deutsches Institut für Normung e.V., Berlin: nationale Normungsstelle der Bundesrepublik Deutschland

Qualität

»Die Gesamtheit von Eigenschaften und Merkmalen eines Produkts oder einer Tätigkeit, die sich auf deren Eignung zur Erfüllung gegebener Erfordernisse bezieht. Die Erfordernisse ergeben sich aus dem Verwendungszweck des Produktes oder dem Ziel der Tätigkeit, unter Berücksichtigung der Realisierungsmöglichkeiten.«

DIN 55350, Teil 11

Die internationale Norm DIN ISO[3] 9126 definiert folgende Qualitätsmerkmale:

Qualitätsmerkmale

- Funktionalität
- Zuverlässigkeit
- Benutzbarkeit
- Effizienz
- Änderbarkeit
- Übertragbarkeit

Zu den Qualitätsmerkmalen ist es wichtig zu verstehen, dass es nicht immer möglich ist, diese gleichzeitig umzusetzen. Beispielsweise können die Punkte Zuverlässigkeit und Effizienz entgegenwirken. Ein sehr robustes, durch viele Sicherheitsprüfungen entwickeltes Softwaresystem wird ein höheres Zeitverhalten (Performance) benötigen. Aus diesem Grund ist eine Priorisierung der Qualitätsmerkmale bei den Qualitätsanforderungen des Projektes festzulegen.

Testen ist ein Maßsystem für die Softwarequalität. [Spillner 03]

Testen ermöglich es, die Qualität von Software zu messen, ausgedrückt durch die Anzahl der gefundenen Fehler. Wenn wenige oder keine Fehler gefunden werden, kann Testen Vertrauen in das Softwaresystem schaffen. Durch gefundene Fehler und das Beheben dieser Fehler steigt die Qualität. Und höhere Qualität führt zu einer höheren Zuverlässigkeit des Softwaresystems.

3. Internationale Organisation für Normung. Mitglieder sind staatliche und nicht-staatliche Normenorganisationen.

4.2 Fehlerfindung und Kosten

Softwaresysteme werden von Menschen entwickelt. Menschen machen Fehler, sodass jedes Softwaresystem Fehler enthält.

Die Frage, die hier gestellt werden sollte, ist, wann an der Fehlerfindung gearbeitet werden sollte. Je früher Sie einen Fehler entdecken und diesen beseitigen, desto weniger kostet der Fehler! Zu dieser Thematik gibt es diverse Untersuchungen und Studien, die sehr aufschlussreich sind. Hier exemplarisch die Studie der Software Quality Systems Group aus Köln:

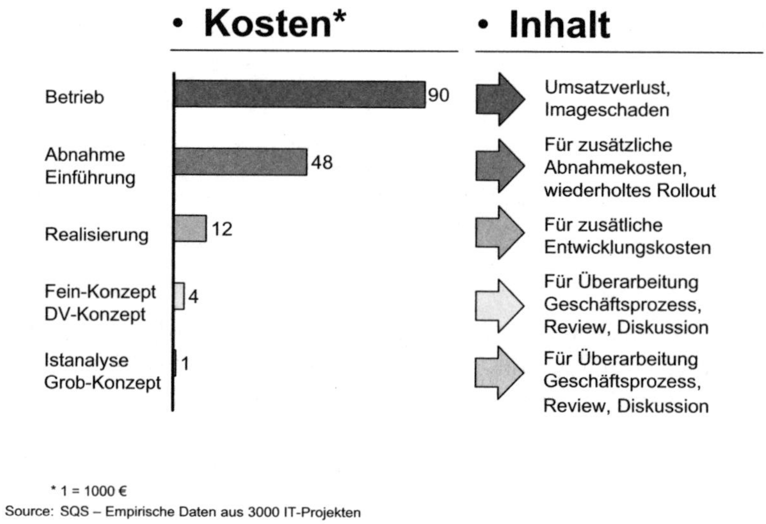

Abb. 4–1 *Fehlerkosten in IT-Projekten (Quelle: SQS)*

Die Praxis sieht so aus, dass die Fehler in den späten Entwicklungsprozessphasen am teuersten sind. Die Motivation sollte es also sein, die Fehler so früh wie möglich zu finden, denn wer zu spät testet, verschleudert Geld. Doch Unwissenheit, Budget- und Zeitdruck führen dazu, dass die Phase der qualitätssichernden Maßnahmen wie Testen häufig als nicht wichtig empfunden werden. Es wird nicht intensiv genug getestet, und das Finden der Fehler wird dem Kunden überlassen.

Was kosten Softwarefehler[4]?

- Geschätzte Verluste durch Softwarefehler in Mittelstands- und Großunternehmen in Deutschland: ca. 84,4 Mrd. EUR pro Jahr.

4. Untersuchung der LOT Consulting GmbH, Karlsruhe.
Siehe Nachricht des Onlineprotals der Zeitschrift Computerwoche vom 15.02.2001: *http://www.computerwoche.de/nachrichten/519152/*

- Ein Drittel der IT-Budgets müssen Unternehmen zur Beseitigung von Programmfehlern ausgeben.
- Produktivitätsverluste durch Computerausfälle belaufen sich auf durchschnittlich 2,6 Prozent des Umsatzes der Unternehmen und belaufen sich auf 70 Mrd. EUR pro Jahr.

4.3 Qualität des Produkts

Wieso wird der Aspekt der Qualität bei Softwareentwicklungen nicht wahrgenommen?

Häufig gibt es Entscheidungen, die die Randbedingungen von schlechten Programmen verbessern. Aber die eigentlichen Defizite werden nicht angegangen!

- Die Anforderungen sind so dokumentiert. Es wird das umgesetzt, was auf dem Papier steht.
- Bei Performanceproblemen wird Hardware dazugekauft, es wird die Prozessoranzahl verdoppelt. Aber die eigentlichen Ursachen werden ignoriert.
- Bei Anpassungen/Erweiterungen von bestehenden Programmen hört der Projektleiter häufig den Satz »Das Programm kann nicht erweitert werden, ich kopiere die ähnlichen Programmteile und schreibe ein neues Programm«.
- Oder bei der Nachfrage, ob das Programm detailliert getestet wurde, kommen Antworten wie »Die Testumgebung reicht nicht aus« oder »Das Programm ist so geschrieben, dass es nicht einzeln (Unit-Test-Ebene) getestet werden kann«.
- Viele Entwicklerkollegen denken häufig, dass einheitliche Programmierrichtlinien dazu dienen, sie zu ärgern bzw. ihnen den kreativen Spielraum wegzunehmen, der für ihre Arbeit wichtig ist!
- Aber die unglaublichste Aussage ist, dass der aktuelle Projektstand keine Ressourcen für Qualitätsprüfung/Qualitätssicherung zulasse.

Das mag ja richtig sein, aber die Qualität wird so oder so geprüft ... Entweder vor Auslieferung des Softwareproduktes oder durch den Kunden während der Produktivphase ...

Aber zum Glück ist dies den Verantwortlichen, wie dem Auftraggeber, Projektleitung, Teilprojektleitung und anderen Projektbeteiligten, bekannt und auch bewusst!

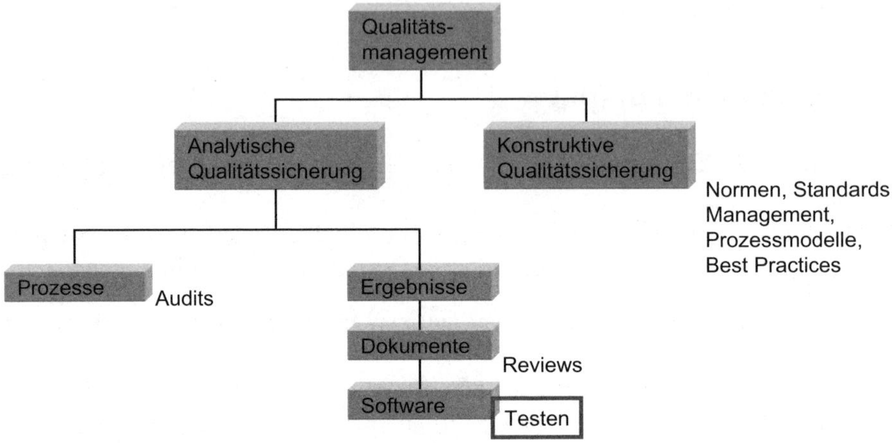

Abb. 4–2 *Qualitätssicherung Überblick*

Bei der Erstellung von Software sollten qualitätssichernde Maßnahmen angewendet werden. Das Qualitätsmanagement unterscheidet die analytischen und die konstruktiven Maßnahmen. Bei den analytischen Maßnahmen liegt der Fokus auf dem Softwareprodukt. Dabei ist das Ziel, dass Fehler gefunden werden. Die konstruktiven Maßnahmen sind auf den Prozess fokussiert. Das Ziel der konstruktiven Maßnahmen ist, dass Fehler beim Erstellen von Software vermieden werden.

Diverse qualitätssichernde Maßnahmen werden bei der Erstellung von Software angewandt. Das Testen weist die Zuverlässigkeit und damit die Qualität der Software aus. Eine gut getestete Software ist ein Garant für eine positive Außendarstellung beim Auftraggeber.

4.4 Potenzial

> **»Unsere Hauptaufgabe ist nicht, zu erkennen, was unklar in weiter Entfernung liegt, sondern zu tun, was klar vor uns liegt.«**
>
> Thomas Carlyle

Das Testen ist kein Garant dafür, dass in Softwaresystemen keine Fehler enthalten sind. Außerdem ist es unmöglich, Software komplett auszutesten. Der Punkt beim Testen ist, dass Softwaresysteme nicht ungetestet in Betrieb genommen werden sollten.

Das Testen von Softwaresystemen ist immens wichtig. Doch Wichtigkeit genügt dem Management nicht immer, das Testen wird häufig noch als der Flaschenhals in Projekten gesehen. Dies ist verwunderlich, wenn Sie sich das Potenzial[5], das im Testen steckt, ansehen:

- 88 Prozent – Besseres Testen senkt die allgemeinen Entwicklungskosten.
- 78 Prozent – Mit mehr Zeit für das Testen können neue Services die Kunden- und Marktanforderungen erfüllen.
- 74 Prozent – Besser strukturiertes und auf dem Geschäftsrisiko basiertes Testen senkt die Entwicklungszeit.
- 68 Prozent – Zu viele Softwaresysteme gehen ohne ausreichendes Testen in Betrieb.
- 32 Prozent – Nicht ausreichendes Testen gefährdet die rechtzeitige Produktivsetzung.

Das mögliche Potenzial des Testens ist klar zu erkennen, und aus meiner Praxis stelle ich fest, dass dem Testen eine immer höhere Bedeutung zukommt. Auf allen Ebenen wird der Einsatz von qualitätssichernden Maßnahmen nicht mehr nur als Kostenpunkt, sondern als notwendige Investition empfunden, um die Qualität zu gewährleisten.

Sehen Sie das Testen einfach als Ihren Schutz an. Nehmen Sie einmal folgendes Zukunftsszenario an: Sie möchten Ihr Softwaresystem bei einer Versicherung gegen Fehler versichern! Im Grunde genommen ist dies nichts anderes, als einen Vertrag gegen einen möglichen Schaden zu erwerben – also das Prinzip einer jeden Versicherung. Die würde das Risiko eines jeden Fehlers ermitteln.

Risiko = möglicher Schaden x Wahrscheinlichkeit des Auftretens

Sie können sich vorstellen, dass sich je nach Geschäftsumfeld, in dem das Softwaresystem eingesetzt werden soll, astronomische Versicherungssummen ergeben könnten.

Naja, dies ist schon ein finanztechnisches Horrorszenario. Aber im Grunde genommen doch ein mögliches neues Versicherungsgebiet für die Versicherungsbranche.

Aus diesem Grunde ist das Testen Ihr Versicherungsschein, der Ihnen dazu verhilft, ein qualitativ hochwertiges Softwaresystem, da ja genügend getestet, mit gutem Gewissen Ihrem Kunden auszuliefern.

5. LogicaCMG Studie »Testing Times for Board Rooms«, die im September 2005 veröffentlicht wurde. Es wurden 255 Unternehmen aus England, den Niederlanden und Schweden befragt.

4.5 Kennzahlen und Metriken

> **»You cannot manage what you cannot measure.«**
>
> Bekannter Managementspruch

Dies ist ein etwas überstrapazierter Managementspruch. Doch der Grundgedanke ist aktueller denn je zuvor. Um Aussagen über den aktuellen Teststand in Ihrem Projekt zu geben oder um vernünftige Planungen für das Testen aufzustellen, benötigen Sie Informationen. Als Informationsquelle sollte nicht ausschließlich Ihr Bauchgefühl[6] dienen.

Für jede Teststufe sind Testmetriken zu definieren und zu erheben. Dadurch erhalten Sie quantitative Aussagen zur Softwaresystemqualität und der Qualität des Entwicklungs- und Testprozesses. Diese Kennzahlen (siehe auch systematisches Testen auf Seite 51) sind die Basis für eine transparente und nachvollziehbare Planung und Steuerung Ihres Projektes.

Folgende Informationsquellen können Sie benutzen, um Ihre projektspezifischen Kennzahlen zu erhalten:

- Interne Richtlinien
- Best-Practices voriger Projekte zum Thema Testen
- Studien
- Aktuelle Projekt-Kennzahlen des Testcontrolling
  - Testfälle je Entwicklungsprozessphase
  - Testfälle zu Entwicklungskomponente
  - Testfälle zu Geschäftsprozess
  - Testfälle zu Schnittstelle
  - Testabdeckung
  - ...

6. Obwohl die menschliche Intuition ein sehr sicheres und auch durchaus erprobtes Orakel darstellt.

Unter Zuhilfenahme der Kennzahlen würde auf die Frage der Projektleitung:

»Wie ist der Stand beim Testen Ihres Softwaresystems?«

aus dieser Antwort:

»Ja, wir haben vieles ausprobiert, und es läuft.«

folgende Antwort werden:

»Anhand unserer internen Richtlinien wurden alle Einzelkomponenten einem Test mit funktionalen Eingabe-Äquivalenzklassen und Äquivalenzklassen für ungültige Werte getestet. Wir haben eine Zweigüberdeckung von 75 Prozent erreicht. Die Geschäftsprozesse inklusive Schnittstellen, die abgebildet werden sollten, haben wir mit 50 Testfällen je Geschäftsprozess erfolgreich getestet. Wir haben eine Fehlerrate von 5,3 Fehlern pro 10.000 Zeilen Coding. Im Vergleich zu den letzten drei Projekten in einem ähnlich gelagerten Umfeld haben wir eine qualitative Verbesserung von 20 Prozent erreicht!«

4.6 Der Auftraggeber ist zufrieden

Die Situation in der Softwarebranche ist einfach. Wenn der Auftraggeber unzufrieden ist, bezahlt er auch nicht für das in Auftrag gegebene Softwaresystem. Abgesehen von den finanziellen Einbußen ist auch ein Imageschaden vorprogrammiert, und ob sich das ein Softwarelieferant auf Dauer leisten kann, ist fraglich.

Sollte der Auftraggeber jedoch zufrieden sein, dann spiegelt sich diese Zufriedenheit auch möglicherweise in vollen Auftragsbüchern beim Softwarelieferanten wider, was daraufhin Zufriedenheit beim Auftragnehmer erzeugt.

Was erwartet der Auftraggeber?

- Umsetzung des Softwaresystems
  - gemäß den Anforderungen
  - termingetreu
  - innerhalb des Budgets
- qualitativ hochwertiges System
  - robust und richer
  - performant
  - wartbar und
  - flexibel für künftige Erweiterungen

Welche Möglichkeiten bieten sich dem Softwarelieferanten in puncto Testen, um diese Ziele zu erreichen?

- Testszenarien für alle Prozessphasen der Softwareentwicklung
- Qualitätskontrollen der Entwicklungskomponenten durch
  - ⇨ Reviews
  - ⇨ Design Pattern für Entwicklung und das Testen
  - ⇨ Refactoring unter Nutzung von automatisiert ablaufenden Tests der Entwicklungskomponenten und der dazugehörigen Geschäftsprozesse

Qualitativ hochwertige, da getestete Software ist einer der wesentlichsten Punkte, damit der Auftraggeber zufrieden ist.

4.7 Zusammenfassung

- Software enthält Fehler. Aus diesem Grunde sollte Software getestet werden, um eine qualitative Sicherung der Software zu gewährleisten.
- Das Testen von Software ist genauso wichtig wie das eigentliche Programmieren der Software.
- Je früher die Phase des Testens beginnt, desto günstiger ist die Beseitigung von Fehlern. Am teuersten ist die Fehlerbeseitigung, wenn das Softwaresystem schon in Betrieb genommen wurde.
- Softwarequalität wird vom Auftraggeber wahrgenommen. Qualitätssichernde Maßnahmen dienen dazu, die Qualität des Softwaresystems zu erhöhen.
- Enormes Potenzial liegt beim Testen. Durch Einsatz des Testens ist Einsparpotenzial bei Zeit, Kosten und Ressourcenaufwand in Projekten möglich.
- Kennzahlen und Metriken sollten insbesondere für das Testen aufgestellt werden. Eine transparente und auf Fakten gesicherte Planung und Steuerung Ihres Projektes ist dadurch gewährleistet.
- Erfüllen Sie die Erwartungen des Auftraggebers in das zu erstellende Softwaresystem. Ein zufriedener Auftraggeber dankt es Ihnen mit einer guten Geschäftsbeziehung zu Ihnen.

5 Testing komprimiert

»Nimm an, was nützlich ist. Lass weg, was unnütz ist.
Und füge das hinzu, was dein Eigenes ist.«

Bruce Lee

Softwaretests gibt es seit dem Entdecken des ersten Softwarefehlers. Seitdem entwickelt sich das systematische Testen von Programmen. Es gibt eine Vielzahl an Möglichkeiten, um Software zu testen. Dieses Kapitel gibt Ihnen einen komprimierten Überblick zum Testen. Insbesondere erfahren Sie, wie Sie systematisch Testfälle herleiten können und welche Möglichkeiten es gibt, testbare Software zu erstellen.

Übersicht über das Kapitel:

- Basiswissen zum Thema Testen
- Was sich hinter dem Begriff Unit-Testing verbirgt
- Testphasen im Softwarelebenszyklus
- Das Erstellen von Testfällen
- Methodik, um testbare Software zu entwickeln

5.1 Grundlagen

»Ich teste nicht!«, sagte mir ein Kollege. Es ist nicht, weil er gegen das Testen ist – er denkt genauso über Softwarearchitektur und Design-Patterns –, seiner Ansicht nach ist das nur etwas für Testspezialisten. Ein anderer Kollege begründete dieselbe Aussage damit, dass er ja den Kollegen in der Testabteilung nicht den Job wegnehmen möchte. Welch edle Einstellung, finden Sie nicht auch?

5.1.1 Begriffe und Definitionen

The Three Amigos: Mr. Good, Mr. Bad and Mr. Pragmatic

Mr. Bad: Testen mache ich ständig, da ich ja meine Programme debugge!

Mr. Good: Testen ist ein methodischer Prozess und dient dem Nachweis der korrekten Umsetzung der Anforderungen und der Aufdeckung von Fehlerwirkungen. Debugging dient der Lokalisierung der Ursache der Fehlerwirkung, der Fehlerzustand wird ermittelt. Das Debugging wird in der Regel nach Aufdecken einer Fehlerwirkung von den Entwicklern durchgeführt.

Mr. Bad: Aber ich werde doch nur für das Programmieren bezahlt!

Mr. Good: Du wirst auch nicht dafür bezahlt, dass du den halben Tag mit Debugging verbringst. Wahrscheinlich wirst du dafür bezahlt, dass du ein funktionierendes Programm schreibst. Das Testen ist nur ein Werkzeug, damit du die Qualität deines Programms prüfst.

Mr. Pragmatic: Das Debugging ist ein analytisches Verfahren der Qualitätssicherung. Unter Debugging wird die Lokalisierung und Behebung eines Fehlers im Programm-Code verstanden.

Bisher haben Sie einige Begriffe aus dem Testumfeld intuitiv mit einem Kontext verbunden. Nun ist es an der Zeit, die Begriffe so zu definieren, wie sie in der Praxis verstanden und gelebt werden ⇨ [URL: ISTQB Glossar].

Das International Software Quality Institute – kurz ISQI – hat sehr viel dazu beigetragen, dass Begriffe zum Thema Testen standardisiert wurden. Die Grundlage, um über Sachverhalte das gleiche Verständnis zu haben, ist eine gemeinsame Sprache bzw. Notation.

Testbegriffe

- Testen
  - Der Prozess, bestehend aus allen Aktivitäten des Softwarelebenszyklus, der sich, sowohl statisch als auch dynamisch, mit der Planung, Vorbereitung und Bewertung eines Softwareprodukts und damit verbundener Arbeitsergebnisse befasst, um sicherzustellen, dass diese die festgelegten Anforderungen erfüllen, um zu zeigen, dass sie ihren Zweck erfüllen, und um Fehler zu finden.
- Testprozess
  - Umfasst alle Aktivitäten, die zur Planung und Steuerung, Analyse und Design, Realisierung und Durchführung, Auswertung und Bericht sowie zum Abschluss der Testaktivitäten in einem Projekt benötigt werden. [nach BS 7925/2]
- Testfall
  - Umfasst folgende Angaben: die für die Ausführung notwendigen Vorbedingungen, die Menge der Eingabewerte (ein Eingabewert je Parameter des Testobjekts) und die Menge der erwarteten Sollwerte, die Prüfanweisung (wie Eingaben an das Testobjekt zu übergeben und Sollwerte abzulesen sind) sowie die erwarteten Nachbedingungen. ⇨ [nach IEEE 610]

Fehlerbegriffe

Wann liegt eigentlich ein Fehler vor? Der erste Gedanke, der hier aufkommt, ist, dass dies der Fall ist, wenn beispielsweise ein Programm abstürzt. Sie vermuten es schon: Der Begriff des Fehlers beinhaltet viel mehr.

- Fehler
  - Umfasst die Abweichung zwischen dem berechneten, beobachteten oder gemessenen Wert oder einem Zustand der Betrachtungseinheit und dem entsprechenden spezifizierten oder theoretischen Wert.
- Mangel
  - Nichterfüllung einer Anforderung in Bezug auf einen beabsichtigten oder festgelegten Gebrauch. [ISO 9000:2000]
  - Ein Mangel liegt vor, wenn eine gestellte Anforderung oder berechtigte Erwartung nicht angemessen erfüllt wird.

Ein Fehler ist somit die Nichterfüllung einer festgelegten Anforderung. Fehler ist nicht gleich Fehler. Es gibt unterschiedliche Arten von Fehlern:

Fehlerarten:

- Fehlerwirkung
  - Tatsächliche Abweichung der Komponente/eines Systems von der erwarteten Auslieferung, dem Dienst oder dem Ergebnis
  - Wirkung eines Fehlerzustands, die bei der Ausführung des Testobjekts nach »außen« in Erscheinung tritt
  - Abweichung zwischen (spezifiziertem) Sollwert und (beobachtetem) Istwert (bzw. Soll- und Istverhalten)
- Fehlerzustand
  - Zustand eines (Software)produkts oder einer seiner Komponenten, der unter spezifischen Bedingungen (z.B. bei einer hohen Belastung) eine geforderte Funktion des Produkts beeinträchtigen kann bzw. zu einer Fehlerwirkung führt: z.B. inkorrekte Anweisung oder Datendefinition. Ein Defekt, der zur Laufzeit auftritt, kann einen Ausfall/Mangel einer Komponente oder Systems verursachen.
- Fehlhandlung
  - Menschliche Handlungen, die zu einem falschen Ergebnis führen ⇨ [nach IEEE 610]

Fehler können jedem unterlaufen, niemand ist vollkommen. Es gibt eine Vielzahl von Gründen, wieso dies auch auf den besten Entwickler zutrifft:

- Stress und Termindruck begünstigen die Fehlerentstehung.
- Eine unzureichende Qualifikation der Mitarbeiter ist eine häufige Fehlerursache.
- Mangelnde Kommunikation
- Missverständliche Anforderungen
- Unvollständige Spezifikation
- Mängel im organisatorischen Umfeld

Um qualitativ gute Softwaresysteme zu erstellen, arbeiten Entwickler und Tester Hand in Hand. Die Entwickler programmieren die Software, die Software enthält Fehler. Die Tester finden die Fehlerwirkung. Der Programmierer ist dann wieder an der Reihe und debuggt den Programmcode, um den Fehlerzustand zu ergründen. Es liegt in der Natur der Sache, dass die Software, die zur Qualitätssicherung freigegeben wird, vorher auch vom Entwickler geprüft werden sollte. Aus meiner Praxis kann ich aber auch über andere Vorgehensweisen berichten. Es gibt Entwickler, die ihre Arbeit als beendet ansehen, wenn sie den Programmcode fertig geschrieben haben. Dann ein kurzer Syntax- bzw. Compiler-Check – und schon wird die entwickelte Komponente zur Qualitätssicherung geschickt. Dies ist verantwortungslos und zudem unprofessionell. Dieses Vorgehen kostet viel Zeit und auch Budget, da bei einem Programmabsturz der Tester nicht viel Freude mit dem Testobjekt haben wird.

Selbst unter Zeitdruck sollte die Qualität der Software durch den Entwickler angemessen getestet werden. Es sollten so viele Tests durchgeführt werden, dass die Qualitätssicherung entscheiden kann, ob die verlangte Qualität erreicht ist.

5.1.2 Testphasen im Softwarelebenszyklus

Das Testen von Software wird nicht – wie häufig fälschlich angenommen – nur am Ende des Softwarelebenszyklus angewandt, sondern zu allen Phasen des Prozesses zur Erstellung von Software. Anhand des W-Modells ⇨ [URL: W-Modell], das auf dem bekannten V-Modell basiert, sehen Sie die dazugehörigen Teststufen und Testaktivitäten.

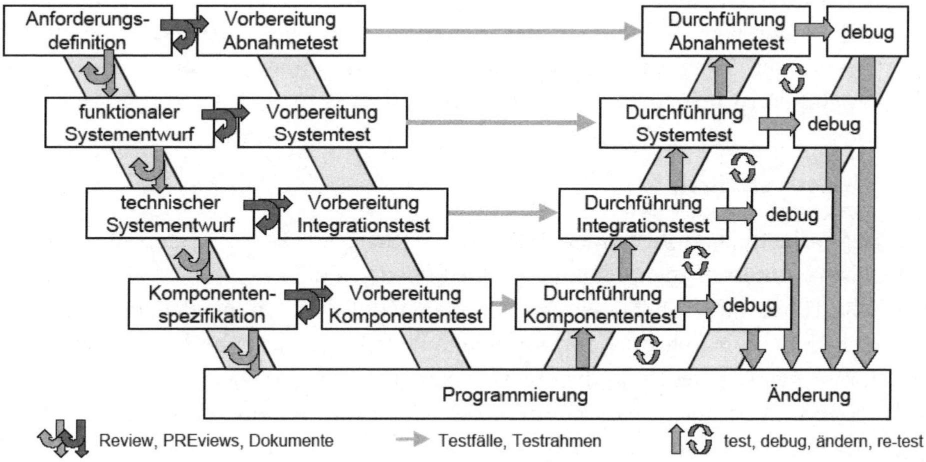

Abb. 5–1 *W-Modell*

Beim W-Modell werden die Testaktivitäten parallel zu den Entwicklungsaktivitäten wie Anforderungsdefinition, Entwurf und Komponentenspezifikation durchgeführt. Das wesentliche Element bei den Prozessmodellen ist für mich die Tatsache, dass Softwareentwicklung sich immer iterativ, d.h. in kleinen Zyklen vollzieht. Aus meiner Erfahrung kann ich berichten, dass ich noch kein Projekt erlebt habe, in dem ein wasserfallartiger Prozess, wie die Theorie ihn beschreibt, funktioniert hat. Es mag durchaus sein, das die Prozessmodelle in den Unternehmen gewisse Phasen im Softwarelebenszyklus als einmalig beschreiben, aber die Realität sieht häufig ganz anders aus. In jeder Phase des Prozesses gibt es unterschiedliche Teststufen, in denen unterschiedliche Arten von Tests durchgeführt werden.

Teststufen

- Komponententest
  - Test einer (einzelnen) ⇨ Komponente. Eine Komponente ist die kleinste Softwareeinheit, die für sich getestet werden kann.
- Integrationstest
  - Test mit dem Ziel, Fehlerwirkungen in den Schnittstellen und im Zusammenspiel zwischen integrierten Komponenten zu finden
- Systemtest
  - Test eines integrierten Systems, um sicherzustellen, dass es die spezifizierten Anforderungen erfüllt
- Abnahmetest
  - Formales Testen hinsichtlich der Benutzeranforderungen und -bedürfnisse bzw. der Geschäftsprozesse, das durchgeführt wird, um einen Auftraggeber oder eine bevollmächtigte Instanz in die Lage zu versetzen, auf der Basis der Abnahmekriterien entscheiden zu können, ob ein System anzunehmen ist oder nicht ⇨ [nach IEEE 610]

5.1.3 Testverfahren

Die unterschiedlichen Teststufen können mit diversen Testarten geprüft werden. Dabei ist zu unterscheiden, ob das Testobjekt statisch oder dynamisch geprüft wird. Statische Testverfahren befassen sich mit allen Möglichkeiten, bei denen das Testobjekt nicht ausgeführt wird, wie z.B. eine manuelle Inspektion von Dokumenten, bei der durch gezieltes Lesen die Prüfung erfolgt. Dynamische Testverfahren befassen sich hingegen mit allen Testverfahren, bei denen das Testobjekt ausgeführt wird. Wir wollen uns die dynamischen Testverfahren einmal näher anschauen.

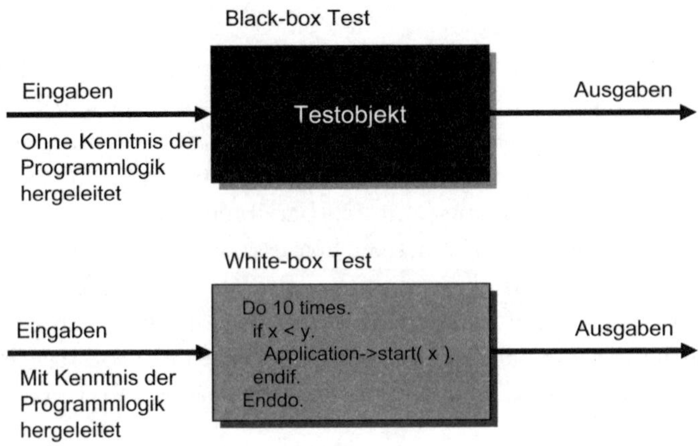

Abb. 5–2 *Black- & White-Box-Test*

Black- & White-Box-Test

Bei den ⇨ Black-Box-Testverfahren wird das Testobjekt als geschlossener Kasten angesehen. Über den inneren Aufbau sind keine Informationen vorhanden. Beobachtet wird das Verhalten des Testobjektes von außen. Es ist keine Steuerung des Ablaufs des Testobjekts außer durch die entsprechende Wahl der Eingabetestdaten möglich. Die Testfälle werden aus den Spezifikationen der Anforderungen abgeleitet. Die Programmstruktur wird nicht betrachtet, sie soll sogar für den Tester unsichtbar sein.

Bei den ⇨ White-Box-Testverfahren wird auch auf die Programmstruktur zurückgegriffen. Anhand der Kontrollstruktur des Programms werden Testfälle abgeleitet. Während der Ausführung der Testfälle wird der innere Ablauf im Testobjekt analysiert. Ziel ist es, eine möglichst vollständige Abdeckung von Anweisungen, Bedingungen und Zweigen innerhalb der Kontrollstruktur zu testen.

5.2 Systematisches Testen

Bei den diversen Testverfahren ist es möglich, unterschiedliche systematische Testtechniken einzusetzen. Im Folgenden stelle ich Ihnen ein paar der praxisrelevantesten Techniken vor, um Testfälle herzuleiten.

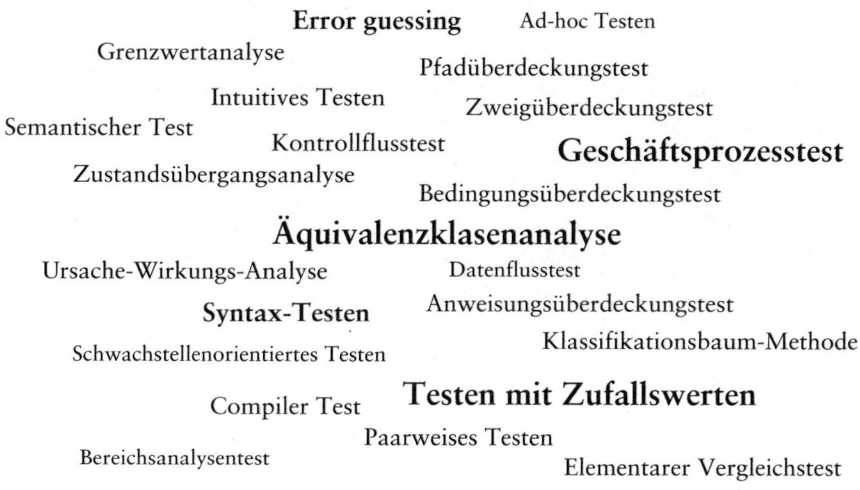

Abb. 5–3 *Testtechniken – Assoziationswolke*

5.2.1 Äquivalenzklassenanalyse

Bei der ⇨ Äquivalenzklassenanalyse wird die Eigenschaft genutzt, dass Werte aus einer Kategorie (oder Äquivalenzklasse (ÄK)) ein identisches Verhalten verursachen. Das Prinzip der Äquivalenzklassenanalyse besteht darin, die Eingabedaten eines Programms in eine endliche Anzahl von Äquivalenzklassen (Kategorien) zu unterteilen, sodass man annehmen kann, dass mit jedem beliebigen Wert einer Klasse die gleiche Wirkung wie mit jedem anderen Wert der Äquivalenzklasse erzielt wird. Bei den Werteingaben (= Dateneingaben) gibt es drei Möglichkeiten von Eingabedaten:

- Repräsentative Dateneingaben
- Gültige Dateneingaben
- Ungültige Dateneingaben

Nehmen wir einmal an, Sie müssen ein Programm aus dem Flugmodell testen. Das Programm soll anhand der Eingaben der Fluggesellschaft (»LH« für Lufthansa), des Abflugortes (soll innerhalb von Europa sein), des Ankunftsortes (soll außerhalb von Europa sein) und des Abflugdatums (2000 bis 2006) alle Flüge selektieren und anzeigen.

Wir haben hier also vier Eingabefelder. Zuerst werden wir mögliche Kategorien (also Äquivalenzklassen) der Eingabedaten erarbeiten. Wir untersuchen Eingabeoption für Eingabeoption und werden dazu die Äquivalenzklassen herleiten.

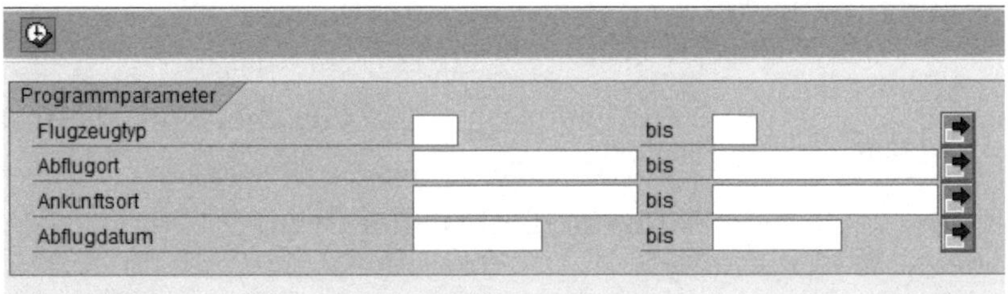

Abb. 5–4 *Selektionsparameter*

Eingabeoption Flugzeugtyp

Gut, die Anforderung sagt uns, dass die Fluggesellschaft Lufthansa gewählt werden muss. Das Eingabefeld verwendet hierfür eine zweistellige ID. Für Lufthansa wählen wir die ID »LH«. Unsere erste Äquivalenzklasse ist identifiziert:

- ÄK1: LH

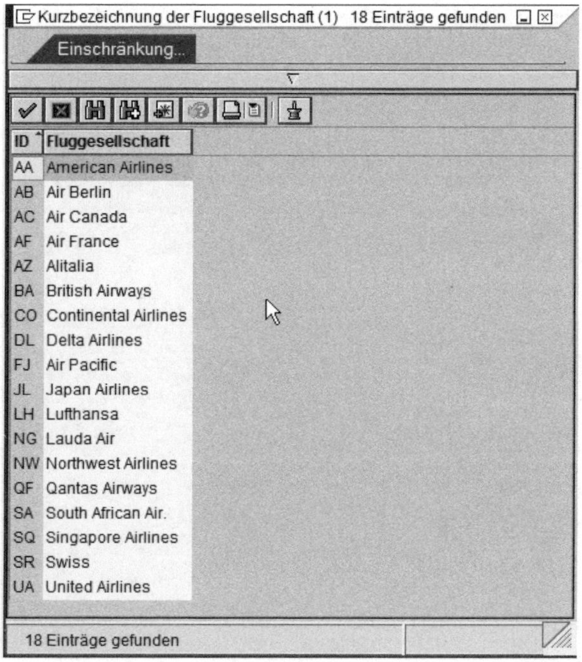

© sap AG

Abb. 5–5 *Auswahl Fluggesellschaft*

Zu den gültigen Äquivalenzklassen gehören auch die ungültigen Äquivalenzklassen. Zuerst nehmen wir einen Flugzeugtyp, der in der Auswahl der Wertehilfe für das ID-Feld vorhanden ist. Wir wählen »JL« für Japan Airlines. Somit haben wir unsere nächste ÄK:

- ÄK2: JL

Und dann nehmen wir noch einen Flugzeugtyp, der überhaupt nicht vorhanden ist, beispielsweise »MA« für Mexican Airlines:

- ÄK3: MA

Eingabeoption Abflugort

Auch hier suchen wir uns erst einmal gültige Abflugorte, dann nicht gültige Abflugorte und dann überhaupt nicht existierende Abflugorte aus.

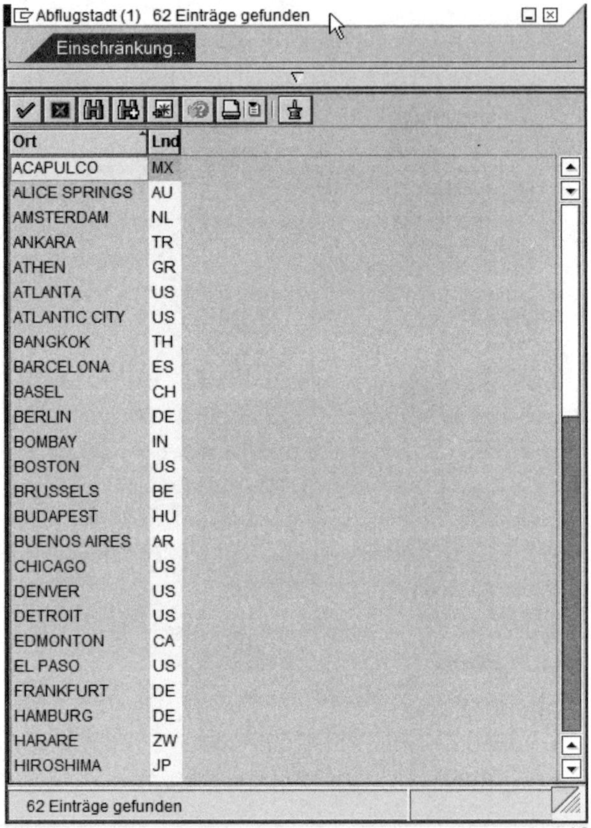

Abb. 5–6 *Auswahl Abflugort*

In der Anforderung stand, dass der Abflugort innerhalb von Europa sein muss. Wir wählen als Abflugort Frankfurt aus:

- ÄK4: FRANKFURT

Als ungültigen Abflugort wählen wir ATLANTA, da dieser Ort nicht in Europa ist:

- ÄK5: ATLANTA

Als in der Liste nicht vorhandenen Abflugort wählen wir LANDSHUT.

- ÄK6: LANDSHUT

Eingabeoption Ankunftsort

Bei dem Ankunftsort haben wir als Anforderung, dass der Ort außerhalb von Europa liegen muss:

- ÄK7: NEW YORK

Und analog zum Abflugort wählen wir die ungültigen Äquivalenzklassen:

- ÄK8: FRANKFURT

Als ungültigen, weil nicht in der Liste vorhandenen Ankunftsort wählen wir Augusta, welches die zweitgrößte Stadt im US-Bundesstaat Georgia ist.

- ÄK9: AUGUSTA

Eingabeoption Abflugdatum

Bei den Eingabedaten für das Abflugdatum haben wir als Anforderung, dass der Wertebereich zwischen 2000 und 2006 liegen muss. Wir wählen folgendes Daum als gültige Äquivalenzklasse:

- ÄK10: 28.03.2005

Ein ungültiges Datum aufgrund der Anforderung ist beispielsweise:

- ÄK11: 28.03.2007

Und ein nicht vorhandenes Datum wäre:

- ÄK12: 29.02.2005

Wie geht es weiter?

Wir haben aus den vorhandenen Anforderungen die Eingabedaten (= Repräsentanten der Äquivalenzklasse) gebildet. Nun werden wir die ermittelten Äquivalenzklassen tabellarisch notieren, um uns einen Überblick zu verschaffen. Das Ziel ist letztendlich, dass wir systematisch zu Testfällen gelangen. Aus diesem Grund werden wir anhand der vorhandenen Äquivalenzklassen die Testfälle bestimmen.

Das Erstellen der Testfälle erfolgt nach folgendem Schema:

ÄK	Eingabewerte	gültige ÄK
	Element: Flugzeugtyp	
ÄK1	LH	x
ÄK2	JL	-
ÄK3	MA	-
	Element: Abflugort	→

ÄK	Eingabewerte	gültige ÄK
ÄK4	FRANKFURT	x
ÄK5	ATLANTA	-
ÄK6	LANDSHUT	-
	Element: Ankunftsort	
ÄK7	NEW YORK	x
ÄK8	FRANKFURT	-
ÄK9	AUGUSTA	-
	Element: Flugdatum	
ÄK10	28.03.2005	x
ÄK11	28.03.2007	-
ÄK12	29.02.2005	-

Tab. 5–1 *Testfälle anhand von Äquivalenzklassen*

- Die Eingabedaten aller gültigen Äquivalenzklassen werden miteinander kombiniert. Jede dieser Kombination ergibt einen Testfall.
- Die Eingabedaten aller ungültigen Äquivalenzklassen werden kombiniert. Diese Kombination ergibt die Negativ- bzw. Fehler-Testfälle.
- Wenn wir einfach die möglichen Kombinationen berechnen, so ergeben sich für jedes Eingabefeld 3 Repräsentanten und somit 3 × 3 × 3 × 3 = 81 Testfälle.

Austesten von Programmen

Durch den multiplikativen Charakter bei der Bildung der Kombinationen entsteht schnell eine nicht mehr handhabbare Anzahl von Testfällen.

Das Ziel des systematischen Testens ist es, auf die wenigen relevanten Testfälle zu kommen. Bei unserem Beispiel werden wir die Eingabedaten kombinieren und das erwartete Ergebnis festlegen:

Testfall		Eingabedaten	Erwartetes Ergebnis
TF1	**Flugzeugtyp**	LH	=> Anzeige erfolgt
	Abflugort	FRANKFURT	
	Ankunftsort	NEW YORK	
	Abflugdatum	28.03.2005	
TF2	**Flugzeugtyp**	JL	=> Keine Anzeige
	Abflugort	ATLANTA	
	Ankunftsort	FRANKFURT	
	Abflugdatum	28.03.2007	→

Testfall		Eingabedaten	Erwartetes Ergebnis
TF3	**Flugzeugtyp**	MA	=> Keine Anzeige
	Abflugort	LANDSHUT	
	Ankunftsort	AUGUSTA	
	Abflugdatum	29.02.2005	
TF4	**Flugzeugtyp**	<leer>	=> Keine Anzeige
	Abflugort	FRANKFURT	
	Ankunftsort	NEW YORK	
	Abflugdatum	28.03.2005	

Tab. 5–2 *Ermittelte Testfälle anhand der ÄK*

Was haben wir erreicht?

Da ein Austesten von Programmen nicht möglich oder mit einem erheblichen Aufwand verbunden ist, wird das systematische Testen eingesetzt. Das Ziel ist es, auf die relevanten Testfälle zu kommen. Letztendlich müssen Sie entscheiden, welche Testfälle eingesetzt werden und welche nicht. Sie können folgende Kriterien benutzen, um Testfälle auszuwählen:

- Benutzerrelevanz: Die häufigsten Eingabedaten der Äquivalenzklassen in den benutzerrelevanten Szenarien ist ein Kennzeichen, um diese in den Testfällen zu verwenden.
- Jeden Eingabewert einer Äquivalenzklasse mit jedem Eingabewert der anderen Äquivalenzklassen kombinieren. Auch bekannt als paarweise Kombination.
- Minimalkriterien
  - Jedes Eingabefeld mit einer gültigen Äquivalenzklasse (einem gültigen Wert)
  - Jedes Eingabefeld mit einer ungültigen Äquivalenzklasse (einem ungültigen Wert)
- Testfälle auswählen, die Grenzwerte enthalten

Um eine Aussage zu treffen, was durch das systematische Testen mit der Äquivalenzklassenanalyse erreicht wurde, benötigen wir eine Kennzahl. Im Umfeld der Äquivalenzklassen ist die Kennzahl die Überdeckung.

ÄK-Überdeckung = (Anzahl getesteter ÄK / Gesamtanzahl ÄK) x 100%

Sind zum Beispiel wie in unserem Fall 12 Äquivalenzklassen ermittelt worden und sind von diesen 12 Äquivalenzklassen nur 10 in Testfällen enthalten, dann ergibt sich eine Überdeckung von

ÄK-Überdeckung = (10/12) × 100 % = 83,33 %.

Mit der Äquivalenzklassenanalyse haben wir die Anzahl der relevanten Testfälle zuverlässiger ermittelt, statt einfach nach dem Bauchgefühl die Testfälle herzuleiten. Durch das systematische Herleiten der Testfälle verringert sich auch die Wahrscheinlichkeit, dass Testfälle übersehen werden. Die Äquivalenzklassenanalyse eignet sich für Programme mit Ein- und Ausgabebedingungen.

5.2.2 Grenzwertanalyse

Eine gute Ergänzung zu der Äquivalenzklassenanalyse ist die ⇨ Grenzwertanalyse. Die Praxis hat gezeigt, dass Fehlerzustände häufig an den Grenzbereichen von Äquivalenzklassen auftreten. Die Ursache dafür ist, dass an diesen Grenzen im Programmcoding Fallunterscheidungen vorzusehen sind. Ein Test mit Grenzwerten überprüft, ob diese Fallunterscheidungen richtig implementiert sind. Dabei werden Werte geprüft, die nahe bei und genau auf den Grenzen der Äquivalenzklassen liegen. Die Grenzwertanalyse stellt einen Test von speziellen Werten der Äquivalenzklassen dar und ist somit eine sehr gute Ergänzung zu der Äquivalenzklassenanalyse.

Zum Einsatz der Grenzwertanalyse setzen Sie folgende Methode zur Identifizierung von Testfällen (also Eingabewerten für den Test) ein:

- Betrachten Sie gültige und ungültige Eingabewerte.
- Identifizieren Sie die Eingabewerte für Ihre Äquivalenzklassen für folgende Situationen:
  - Unterer Grenzwert
  - Oberer Grenzwert
  - Genau auf der Äquivalenzklasse liegende Grenze

Wir erweitern das Beispiel aus dem vorigen Kapitel um die Grenzwertanalyse. Um die Methodik der Grenzwertanalyse zu demonstrieren, werden wir die Eingabewerte für das Feld Abflugdatum bestimmen. Holen wir uns nochmal kurz die Anforderung zu diesem Feld ins Gedächtnis: »Das Abflugdatum liegt zwischen 2000 und 2006«. Gut, der gültige Normalwert für das Feld ist also ein Bereich. Wir bestimmen nun die Grenzen und bilden anhand der oben beschriebenen Methode die Grenzwerttestfälle für das Feld Abflugdatum.

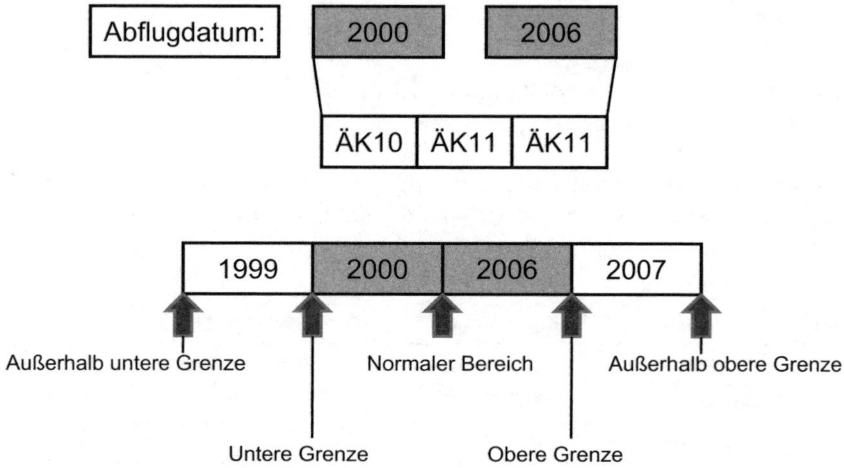

Abb. 5–7 *Grenzwertanalyse Abflugdatum*

Nun bestimmen wir weitere Eingabewerte und somit weitere Testfälle für unser Beispiel. Fangen wir erst mal mit den ungültigen Eingabewerten an, denn diese sind einfacher zu bestimmen:

- Jegliche Zeichen, die kein Datum darstellen:
  - »ABCDEFGH«
- Daten die nicht existieren:
  - 30.02.0000
- Daten, die nicht das Darstellungsformat[1] des Systems sind:
  - 05-03-02

Gut, das genügt fürs Erste. Nun bestimmen wir gültige Eingabewerte anhand der vorhandenen Grenzen:

- Außerhalb der unteren Grenze:
  - 20.09.1999
- Genau auf der unteren Grenze:
  - 01.01.2000
- Einen Eingabewert im sogenannten normalen Bereich:
  - 28.03.2005

1. Das SAP-System erlaubt jedem Nutzer, Datumsangaben in verschiedenen Darstellungsformen anzuzeigen. Über das Menü ->System->Eigene Daten gelangen Sie in das Umfeld der Benutzervorgaben. Dort können Sie die Darstellungsform für Datumsangaben anpassen.

- Genau auf der oberen Grenze:
  - 31.12.2006
- Einen Eingabewert außerhalb der oberen Grenze:
  - 27.02.2007

Mit dieser weiteren Analyse ist es nun möglich, die vorhandenen Testfälle aus der Äquivalenzklassenanalyse zu ergänzen. Wir nehmen uns den Testfall 1 als Basis-Testfall und leiten weitere Testfälle ab:

Testfall		Eingabedaten	Erwartetes Ergebnis
TF1	Flugzeugtyp	LH	=> Anzeige erfolgt
	Abflugort	FRANKFURT	
	Ankunftsort	NEW YORK	
	Abflugdatum	28.03.2005	

Tab. 5-3 *Testfall anhand der Grenzwertanalyse*

Weitere Testfälle anhand der Grenzwertanalyse:

Testfall		Eingabedaten	Erwartetes Ergebnis
TF5	Flugzeugtyp	LH	=> Keine Anzeige
	Abflugort	FRANKFURT	
	Ankunftsort	NEW YORK	
	Abflugdatum	ABCDEFGH	
TF6	Flugzeugtyp	LH	=> Keine Anzeige
	Abflugort	FRANKFURT	
	Ankunftsort	NEW YORK	
	Abflugdatum	20.09.1999	
TF7	Flugzeugtyp	LH	=> Anzeige erfolgt
	Abflugort	FRANKFURT	
	Ankunftsort	NEW YORK	
	Abflugdatum	01.01.2000	
TF8	Flugzeugtyp	LH	=> Anzeige erfolgt
	Abflugort	FRANKFURT	
	Ankunftsort	NEW YORK	
	Abflugdatum	31.12.2006	

Tab. 5-4 *Weitere Testfälle anhand der Grenzwertanalyse*

Die Äquivalenzklassenanalyse und die Grenzwertanalyse werden häufig kombiniert. Denn anhand der vorhandenen Informationen und Testfälle der ÄK ist es mit wenig Aufwand möglich, die Grenzwertanalyse einzusetzen und die bisherigen Testfälle zu präzisieren bzw. neue Erkenntnisse zu gewinnen und dadurch weitere Testfälle zu erstellen. Die Erfahrung aus dem Testumfeld besagt, dass Grenzwerte ein hohes Fehlerfindungspotenzial aufweisen, da an den Grenzen der ÄK häufig Fehler zu finden sind.

5.2.3 Grundlegender Testprozess

Der grundlegende Testprozess besteht aus fünf Aktivitäten und ist in den jeweiligen Entwicklungsprozess integriert.

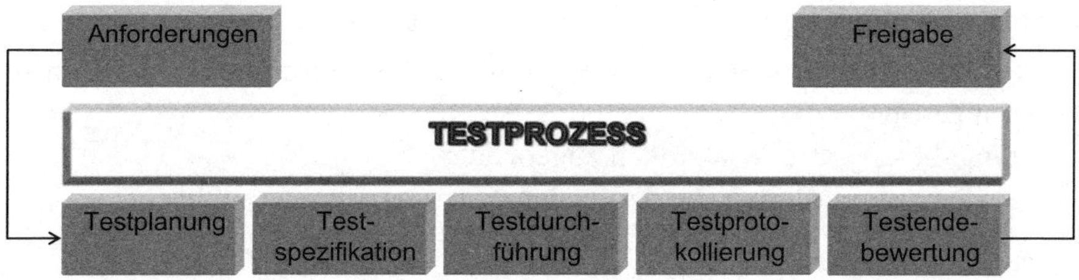

Abb. 5–8 *Grundlegender Testprozess*

Der Prozess des Testens durchläuft 5 Aktivitäten:

- Testplanung
- Testspezifikation
- Testdurchführung
- Testprotokollierung
- Testendebewertung

In der einen oder anderen Form werden diese Aktivitäten beim Entwicklungsprozess durchlaufen. Einige Unternehmen haben diese Aktivitäten noch weiter detailliert und in ihren Testprozess integriert. Es gibt die unterschiedlichsten Formen, um diesen Testprozess einzusetzen. Entweder unterstützen Sie umfangreiche Softwareprodukte oder einfache Word- und Excel-Dokumente beim Durchführen der Aktivitäten.

Aus meiner Erfahrung empfehle ich Ihnen als Entwickler auf jeden Fall, dass Sie wissen, welche Komponenten (Units) Sie testen möchten und wie Sie für diese Komponenten das Testende bestimmen. Das Erreichen des Testendes, genauer gesagt die Bestimmung des Testendekriteriums, ist für Sie der Punkt, an dem Sie aufhören zu testen.

5.2.4 Erstellen von aussagekräftigen Tests

> »More than the act of testing, the act of designing tests is one of the best bug preventers known. The thinking that must be done to create a useful test can discover and eliminate bugs before they are coded – indeed, test-design thinking can discover and eliminate bugs at every stage in the creation of software, from conception to specification, to design, coding and the rest.«
>
> Boris Beizer

Das ist das Ziel beim Testen. Es ist unmöglich, alles auszutesten. Aus diesem Grund versucht der Tester relevante, d.h. nicht redundante, Testfälle zu erstellen. Es gibt drei Methoden der Testfallermittlung.

- Eingabeorientiert
  - Schwerpunkt ist hier die einzelne Einheit (hier wird auch von Funktionstest gesprochen).
  - Eingaben werden Wirkungen zugeordnet.
  - Systematik wird über die Äquivalenzklassenanalyse erreicht.
- Ausgabeorientiert
  - Schwerpunkt ist hier die einzelne Einheit (auch hier wird von Funktionstest gesprochen).
  - Wirkungen werden Eingaben zugeordnet.
  - Systematik wird über die Ursache-Wirkungs-Analyse erreicht.
- Verarbeitungsorientiert
  - Schwerpunkt ist das korrekte Zusammenspiel von Einheiten.
  - Zwischen- und Endergebnisse der Verarbeitung werden geprüft.
  - Systematik wird über Vollständigkeit der Vorgänger-Nachfolger-Beziehungen hergestellt.

5.3 Unit Testing

Bevor wir uns mit Unit Testing beschäftigen, hier erst mal ein paar Zitate von sehr guten Entwicklern zum Thema:

> »Fewer defects, less debugging, more confidence, better design, and higher productivity in my programming practice«
>
> Kent Beck

> »... a powerful way to produce well designed code with fewer defects«
>
> Martin Fowler

Was verbirgt sich eigentlich hinter dem Begriff Unit Testing? In den verschiedenen Phasen des Softwarelebenszyklus haben Sie keine Phase des Unit Testing entdeckt? Doch – das Unit Testing verbirgt sich hinter dem Begriff Komponententest. Unit Testing ist der englische Begriff für Komponententest oder Modultest. Ich verwende den Begriff Unit Testing, um auch die sprachliche Verbindung zu den Unit Frameworks darzustellen.

Unit

Ein Programmteil wird als Unit (Modul) bezeichnet, falls dieser Programmteil eine logisch separierbare Einheit mit klar definierten Schnittstellen darstellt.

Unit-Test

Beim Unit-Test werden einzelnen Softwarekomponenten (Klassen, Methoden, Funktionen oder Form-Routinen) geprüft. Die Prüfung der Unit erfolgt individuell und unabhängig von anderen Einheiten des Softwaresystems.

Das Ziel des Unit Testing ist es, die kleinste DV-technisch sinnvolle Einheit (engl.: unit = Einheit) zu testen. Dabei können die Testverfahren des Black- und White-Box-Tests eingesetzt werden. Der große Vorteil des Unit Testing ist, dass Softwaresysteme nicht in Gänze funktionieren bzw. fertig entwickelt sind. Die Tests laufen eigenständig ab und sind unabhängig von anderen Einheiten. Im Klartext heißt das, dass Unit-Tests vom Entwickler geschriebene Tests sind, also Programmcoding, das eine Einheit auf die Probe stellt. Dadurch kann der Entwickler Einheit für Einheit testen und sicherstellen, dass die Einheiten genau das leisten, was gefordert wird.

Unit-Tests sind vom Entwickler geschriebene Tests.

Typischerweise werden Unit-Tests in einer künstlichen Umgebung erstellt, um dann die einzelnen Einheiten aufzurufen. Dabei werden die Ergebnisse mit den Soll-Ergebnissen und den tatsächlichen Ist-Ergebnissen verglichen.t

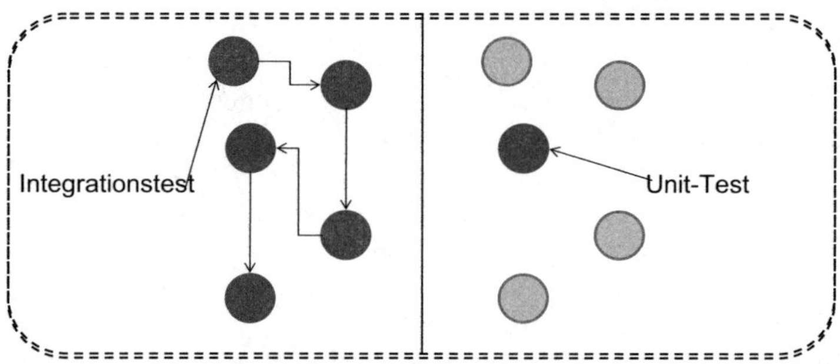

Abb. 5–9 *Unterschied Unit-Test zu Integrationstest*

Beim ⇨ **Integrationstest** ist es das Ziel, Fehler in den Schnittstellen und im Zusammenspiel zwischen integrierten Komponenten zu finden. Auch beim Modultest ist es manchmal notwendig, verschiedene Module gemeinsam zu testen, da die Abhängigkeiten untereinander sehr stark sein können. Nehmen Sie einfach an, dass die Komponente, die sie testen wollen, sehr viele andere Klassen aufruft und diverse Abhängigkeiten enthält. Damit Sie diese Komponenten testen können, müssen Sie die abhängigen Komponenten auch in einer Form integrieren (siehe dazu Test-Double (Mocks) auf Seite 142), damit die Unit-Tests durchgeführt werden können.

5.3.1 Entstehung von Unit Testing

Die Entstehung von Unit Testing Frameworks geht auf die Smalltalk-Ecke zurück. Kent Beck soll ein kleines Framework in ⇨ Smalltalk implementiert haben, mit dem es ihm möglich war, einzelne Units, wie z.B. Klassen oder Methoden, mit einem rudimentären Framework[2] (bestehend aus einer Klasse und ein paar Methoden) zu testen. Dies war die Geburtsstunde des SUnit Frameworks. Dieses kleine Smalltalk-Paket wurde von der Entwicklergemeinde, in der sich Kent Beck bewegte, schnell aufgenommen und in die tägliche Arbeit adaptiert. Das Framework war einfach gestaltet, Entwickler konnten es einsetzen, um ihre Unit-Tests (auch automatisiert!) ablaufen zu lassen. Dieses Framework war außerhalb der Smalltalk-Gemeinde wenig bekannt. Erst durch die Portierung nach Java durch Kent Beck und Erich Gamma kam der große Durchbruch im Jahr 1997. Durch die große JAVA-Entwicklergemeinde erlebte das Framework JUnit eine rasante Entwicklung ⇨ [URL: Fowler xUnit].

5.3.2 xUnit

Diverse Programmiersprachen nutzen den ursprünglichen Aufbau von SUnit, um ein eigenes Unit Framework zu erstellen. Der Sammelbegriff für diese Unit Frameworks ist xUnit. Ob ein Unit Framework als Derivat des xUnit Frameworks angesehen wird, hängt von folgenden Eigenschaften ab ⇨ [URL: wiki xUnit]:

- Test Fixture
  - Ein Test Fixture umfasst all die Voraussetzungen, um einen Test ablaufen zu lassen. Häufig wird auch vom Test-Kontext gesprochen.

2. Ein Framework (engl.: Rahmenstruktur) wird in der Softwaretechnik als Programmgerüst mit definierten Ein- und Ausgängen (Schnittstellen) verstanden. Ein Framework gibt somit in der Regel die Anwendungsarchitektur vor ⇨ [URL: wiki Framework].

- Testsuite
  - Dies sind mehrere Tests, die gemeinsam ausgeführt und betrachtet werden und dieselben Test Fixture verwenden.
- Test Execution
  - Die Ausführung eines einzelnen Tests.
  - Diese sollten folgenden Coding-Aufbau enthalten:

Listing 5–1

```
Setup( );
...
/* Body of Test */
...
Teardown( );
```

Die Methoden Setup( ) und Teardown( ) sind Initialisierungsmethoden zu dem Test Fixture.

Folgender Liste von Programmiersprachen und den dazugehörigen Unit Frameworks sind xUnit-Mitglieder und basieren auf der xUnit-Architektur ⇨ [URL: xUnit Patterns].

xUnit-Derivate	Programmiersprache
ABAP Objects Unit	ABAP ab Release 6.10
ABAP Unit	ABAP ab Release 6.40
CppUnit	C++
CsUnit	C#
JUnit	Java
NUnit	.NET-Plattform
PHPUnit	PHP
Runit	Ruby
SUnit	Smalltalk
Test::Unit	Ruby
TestNG	Java
VbUnit	Visual Basic 6.0
VB Lite Unit	Visual Basic (VB) und Visual Basic for Application (VBA)

Tab. 5–5 *xUnit-Derivate*

5.3.3 IEEE 1008–1987

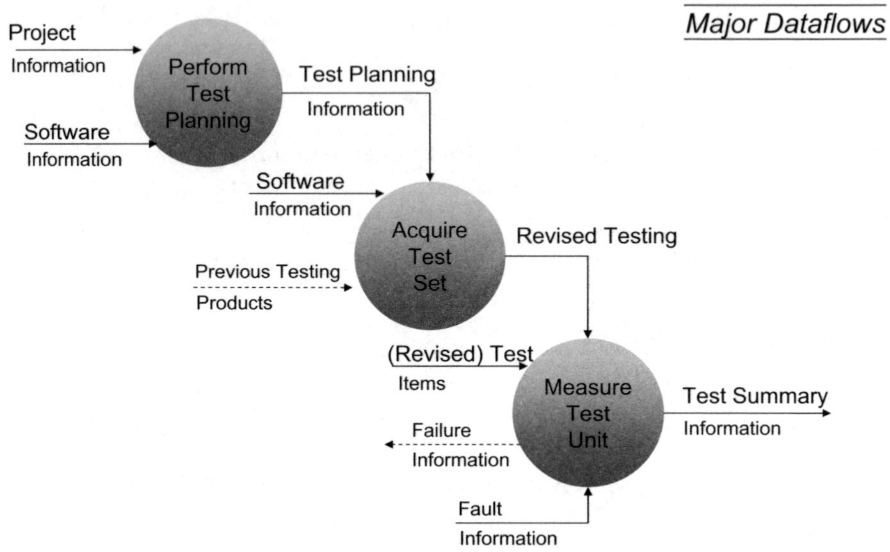

Abb. 5–10 *IEEE 1008-1987 Unit-Testing-Phasen*

Hinter der IEEE–Nummer 1008–1987 ⇨ [IEEE 1008-1987] verbirgt sich der Standard für das Software-Unit-Testing. Für einen schnellen Überblick empfehle ich immer, sich vorhandene Standards anzuschauen. Dadurch erhalten Sie auf einer abstrakteren Ebene die wesentlichen Informationen zur Thematik.

Der Standard enthält alle Basisinformationen, um sich einen Überblick über die Phasen des Unit-Testing-Prozesses zu verschaffen:

1. Testplanung
   - Plane den generellen Ablauf, die notwendigen Ressourcen und den Zeitplan.
   - Bestimme die Einheiten, die getestet werden sollen.
   - Verfeinere die Planung.
2. Erstelle die Tests
   - Designe die Testfälle.
   - Implementiere die geplanten Tests gemäß Design.
3. Bewerte den Test
   - Führe den Unit-Test aus.
   - Prüfe auf das Testende.
   - Bewerte den Unit-Test.

Generell gesagt halte ich Standards für sehr wichtig. Sie sind frei für jedermann verfügbar und dienen als Basis zur Thematik. Im Bereich des Softwaretests gibt es noch weitere Standards. Dabei ist die Testbeschreibungssprache TTCN-3[3] (Testing and Test Control Notation, Version 3) hervorzuheben. TTCN-3 ist eine neue Sprache für die Spezifikation und Implementierung von Tests. Natürlich braucht es noch ein paar Jahre, damit dieser Standard sich auch in der Praxis etabliert. Aber genauso wie bei der Unified Modeling Language (UML) sehe ich das Potenzial, dass sich TTCN-3 als Standardnotation im Softwaretest positioniert.

5.4 Die Kunst, testbare Software zu entwickeln

Das Entwickeln von Softwaresystemen ist eine kreative Aufgabe. Natürlich hat jeder Entwickler sein Handwerk gut gelernt, aber dass Sie als Entwickler immer wieder dieselben Anforderungen bekommen, entspricht nicht der Realität. Geschäftsprozesse ändern sich oder es kommen ganz neue hinzu. Sie müssen neue Lösungen schaffen, doch bei all dem Neuen erfahren Sie hier, wie Sie Ihre Programme so aufbauen können, dass Ihre Software leicht testbar ist und bleibt.

5.4.1 Wie sieht testbare Software aus?

Um diese Frage besser beantworten zu können, müssen wir erst einmal die Frage klären, wie nicht testbare Software aussieht.

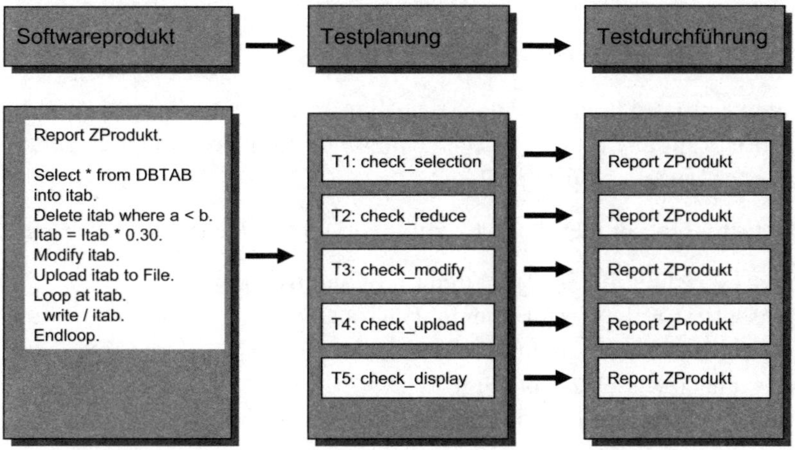

Abb. 5–11 *Schlechte Struktur des Programmcoding*

---

3. Die Sprache wurde in den Jahren 1999 bis 2002 am European Telecommunication Standards Institute (ETSI) entwickelt. Obwohl die Wurzeln in der Telekommunikationswelt liegen, ist TTCN-3 flexibel, um effizient komplexe Testarchitekturen zu beschreiben.

Nehmen wir einfach an, dass Softwareprodukte eine gewisse Anzahl an einzelnen Funktionalitäten haben. Dies könnte beispielsweise das Lesen von Daten sein; eine Reduzierung der gelesenen Daten; eine betriebswirtschaftliche Bearbeitung dieser Daten; die Speicherung der bearbeiteten und geänderten Daten und zum Schluss deren Darstellung für den Nutzer. Sie stellen fest, dass ein Softwareprodukt unterschiedliche Anforderungen umsetzen muss. Um diese unterschiedlichen Anforderungen zu testen, müsste die Software so programmiert sein, dass die Anforderungen einzeln getestet werden können. Das Testen dieser einzelnen Anforderungen sollte so einfach sein, dass wenige Vorbedingungen zur Durchführung des Tests notwendig sind.

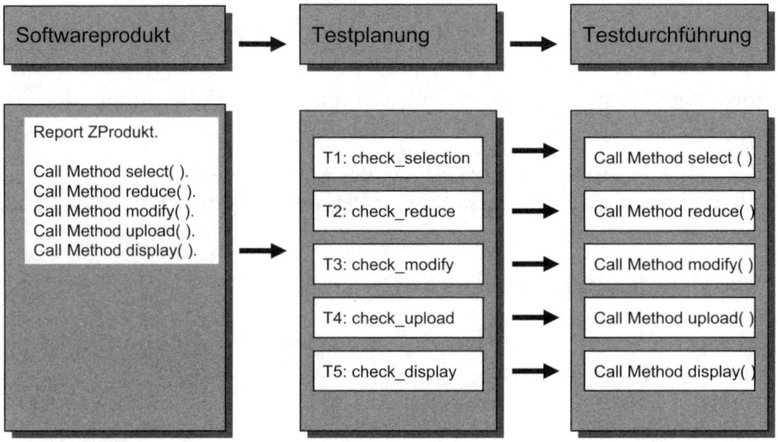

Abb. 5–12 *Gute Strukturierung des Programmcoding*

Gehen wir einmal davon aus, dass der Unit-Test die Basis für unsere Tests ist. Dann sollte es möglich sein, die DV-technischen Einheiten, die das Softwaresystem hat, auch einzeln zu überprüfen.

Eine DV-technische Einheit (s. a. Komponente) hat folgende Eigenschaften:

- Ist eine logische Einheit von Daten und Operationen
- Repräsentiert Entwurfsentscheidungen
- Realisiert eine Funktionalität
- Besitzt eine gewisse Komplexität
- Ist ohne Nutzung anderer Einheiten prüfbar

Selbstverständlich werden nun viele sagen: Wenn die Komponenten wichtig sind und ich Zeit habe, dann kann ich diese auch »schön« programmieren. Was viele unter schön programmieren verstehen, ist eigentlich eher gutes Programmieren. Im Grunde genommen ist die Lösung das sinnvolle Modularisieren von Funktionalitäten. Es gibt diverse Möglichkeiten, Programme zu modularisieren:

- Form-Routinen
- Funktionsbausteine
- Methoden
- Includes

Diese Modularisierungsoptionen bestehen, aber es kommt natürlich auch darauf an, welches Programmierparadigma Sie benutzen. Als Entwickler der prozedural programmiert, wird es Ihnen nicht vergönnt sein, Methoden einzusetzen. Meine Empfehlung an dieser Stelle ist weiterhin, dass Sie als Modularisierungseinheit Methoden benutzen sollten. Dies bedeutet für Entwickler, die bisher nur prozedural entwickelt haben, dass sie sich mit der Objektorientierung beschäftigen müssen. Ich empfehle jegliche Programmieraufgaben in ABAP Objects zu lösen. Nicht nur, dass Ihnen die objektorientierte Denkweise helfen wird, Ihre Programme strukturierter und sauberer aufzubauen, sondern Sie kommen auch nicht in Versuchung, sich Ausreden nach dem Motto einfallen zu lassen, dass Sie ja nur für die »wichtigen« und »komplizierten« Programme ABAP Objects verwenden und für die »einfachen« oder »kleineren« Aufgaben nach wie vor prozedural programmieren. In der Tat habe ich auch einst nach diesem Schema gedacht und nicht nur einmal sogenannte einfache Programme erneut mittels ABAP Objects umgeschrieben, weil die Programme schließlich doch eine gewisse Komplexität enthielten.

5.4.2 Möglichkeiten beim Programmentwurf

Wie sollten Programme aufgebaut sein, die sich gut testen lassen können? Das Resümee des vorigen Absatzes ist einfach:

Teile die Programmfunktionalitäten in kleine Einheiten mit klarer Schnittstelle auf!

Interessant wird alleine, wie die Umsetzung aussehen könnte, denn wie immer gibt es mehrere Wege, die nach Rom führen.

Schauen wir uns nun die einzelnen Punkte genauer an:

- Programmaufbau
- Globale Klassen
- Methoden sollten eine Funktionalität bearbeiten
- Schnittstelle klar strukturieren

Programmaufbau

Wie die konkrete technische Umsetzung Ihrer Anwendung aussieht, hängt ganz davon ab, welche Anforderungen an Ihr Softwareprodukt gestellt werden. Es gibt diverse Möglichkeiten der Umsetzung, die Sie verwenden können. Beispielsweise als Web-Dynpro,[4] Business-Server-Pages, Enjoy-Controls oder ABAP List-Programm. Wichtig ist, dass Ihr Softwareprodukt einen Einstiegspunkt besitzt, von wo aus die Verarbeitung losgeht. Schauen wir uns einmal ein Beispiel an, damit Sie einen besseren Eindruck bekommen, wie das Schema für testbare Programme aussehen könnte. Bitte beachten Sie, dass meine Intention an dieser Stelle darin besteht, Ihnen eine saubere Strukturierung und Modularisierung Ihrer Komponenten zu zeigen. Das Demo-Programm selber enthält kaum Businesslogik. Zur Darstellung des Schemas werden der Einfachheit halber ausnahmsweise lokale Klassen benutzt .

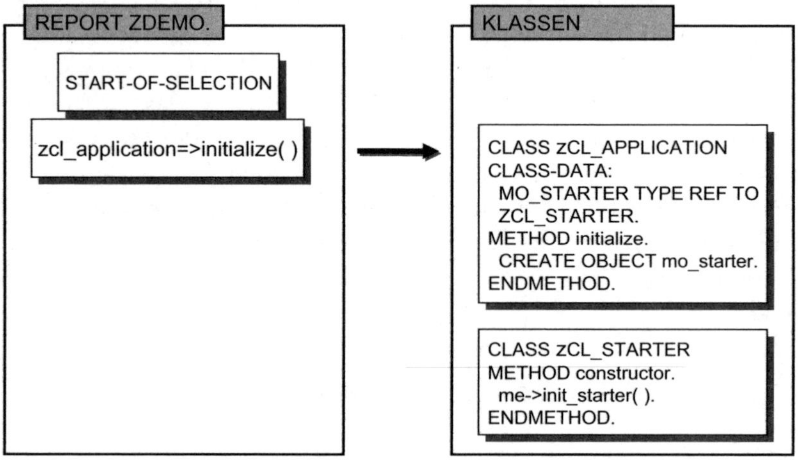

Abb. 5–13 *Beispielhafter Programmaufbau*

Das Demo-Programm werden wir mittels eines normalen Reports abbilden. Nach dem Programmereignis `START-OF-SELECTION` werden wir mittels der statischen Initialize-Methode die Hauptverarbeitung beginnen.

Listing 5–2

```
Report zdemo.

start-of-selection.
  lcl_application=>initialize( ).
```

Die Definition der Klasse `lcl_application` ist ebenfalls im Programm `zdemo` implementiert. Die Klasse `lcl_application` macht im Grunde genommen nichts anderes, als die Hauptverarbeitung zu starten, die in der Klasse `lcl_starter` implementiert ist.

4. Die genannten Technologien sind diverse Möglichkeiten, um eine grafische Anzeige im SAP-System darzustellen.

Listing 5–3

```
Report zdemo.

...
class lcl_application definition.
  public section.
  class-methods:
    initialize.

 private section.
  data:
    mo_starter type ref to lcl_starter.

  endclass.

class lcl_application implementation.
  method initialize.
*   create object mo_starter
  endmethod.
endclass.
```

Zum Starten der Hauptverarbeitung gibt es die Möglichkeit, sofort im Konstruktor der Klasse loszulegen oder eine weitere Ebene (in Form von Methoden) im Konstruktor einzufügen, um später beim Testen die Möglichkeit zu haben, den Beginn der Verarbeitung mit unterschiedlichen Kontexten und Konstellationen auszuführen. Im Grunde genommen können Sie mit diesem Muster nach Erzeugen des Objekts `mo_starter` jedesmal die Default-Parameter (entspricht den Klassendaten) verändern und die Verarbeitung erneut starten. Dies ist für das spätere Testen von Vorteil und bietet die Möglichkeit, dass Sie unterschiedliche Datenkonstellationen unabhängig von der Erzeugung des Objektes testen können.

Listing 5–4

```
Report zdemo.

...
class lcl_starter definition.
  public section.
    methods:
      constructor,
      init_default_member
        importing
          value(im_value1) type i
          value(im_value2) type i,
      init_start.
```

```
  private section.
     data:
       md_value1 type i,
       md_value2 type i.
endclass.

class lcl_starter implementation.
  method constructor.
*    Defaulteinstellungen setzen
     init_default_member(
       exporting
         im_value1 = 5
         im_value2 = 0 ).

*    Verarbeitung beginnen
     init_start( ).
  endmethod.

 method init_default_member.
     me->md_value1 = im_value1.
     me->md_value2 = im_value2.
  endmethod.

 method init_start.
     data:
       ld_result type i.

 ld_result = me->md_value1 / me->md_value2.
       write / ld_result.
  endmethod.
endclass.
```

Der Konstruktor CONSTRUCTOR führt die Methoden INIT_DEFAULT_MEMBER zum Setzen der Verarbeitungsvariablen und dann die Methode INIT_START zur eigentlichen Verarbeitung aus.

Globale Klassen

Wie Ihnen schon bekannt ist, sollten Sie die zu entwickelnden Komponenten in Form von Klassen programmieren. Achten Sie darauf, dass Sie nicht eine einzige Klasse haben, die im Endeffekt alle Funktionalitäten enthält, sondern zerteilen Sie die einzelnen Aufgabengebiete in eigene Klassen.

Nehmen wir an, Sie sollen Daten aus einer Fluganwendung selektieren und diese geschäftsprozessspezifisch bearbeiten. Dannach sollen diese Daten im XML-Format auf dem File-Server gespeichert werden. Natürlich wäre es möglich, eine einzige Klasse zu erstellen, z.B. ZCL_SFLIGHT_APPLICATION, die alle Anforderungen umsetzt. Ein sauberes Design ist es aber nicht, da unterschiedliche Funktionalitäten in einer Klasse abgebildet werden. Ich empfehle Ihnen mindestens zwei Klassen zu erstellen. Einmal die Klasse `ZCL_SFLIGHT`, die die Selektion und die geschäftsprozessspezifische Bearbeitung enthält, und dann die Klasse `ZCL_XML`, die Daten in XML-Format verarbeitet.

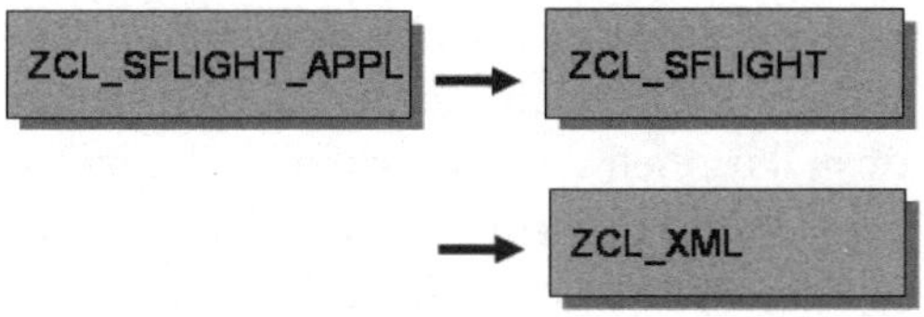

Abb. 5–14 *Klassen strukturieren*

In der Theorie des Software-Engineering gibt es die Methode, anhand von Hauptwörtern die Klassen in einem System herauszufinden. Dies ist natürlich eine Methode, um sich über die Anforderung und deren mögliche Umsetzung Gedanken zu machen.

Klassen (Objekte) sollten als Ereignisse gesehen und designt werden. Sie sind dynamisch und sollen als Abbilder der Wirklichkeit betrachtet werden.

Aus dem Umfeld der objektorientierten Programmiersprache Smalltalk habe ich aber eine andere Denkweise kennengelernt, die ich für sehr geeignet halte. Die objektorientierte Denkweise versucht, die Wirklichkeit in Objekten abzubilden. Objekte sind keine starren Strukturen, sondern sehr dynamische Konstrukte, also sollten Sie beim Designen Ihrer Klassen versuchen, diese Klassen als Ereignisse bzw. als Phänomene zu betrachten. Diese Ereignisse sind dynamisch und erfüllen Funktionalitäten in Form von Kommunikation mit anderen Klassen[5]. Und die Kommunikation erfolgt dadurch, dass Nachrichten von einer Klasse zur anderen Klasse gesendet werden.

Methoden

Erstellen Sie pro Funktionalität, die Sie umsetzen, eine Methode. Sie sollten nicht alle Verarbeitungen in einer Methode abbilden. Dies würde dem Spaghetti-Coding entsprechen. Versuchen Sie stattdessen viele kleine Methoden zu erstellen, die jeweils eine Aufgabe erfüllen. Aber verstehen Sie das nicht so, dass Sie für jede Zeile Coding nun eine eigene Methode verwenden sollen. Dies wäre zu theoretisch und würde den Umfang der Klassen sprengen und ggf. auch zu komplex gestalten. Die Erfahrung beim Testen (und auch bei der Qualitätssicherung von Programmen) zeigt, dass meistens zu wenige Methoden definiert sind. Diese Methoden führen unterschiedliche Funktionalitäten aus, sind zu lang, und es ist

5. In der späteren Ausführung sind dies dann Objekte, also konkrete Ausprägungen der Klassen.

nicht möglich, Unit-Tests aufzubauen, da zu viele Funktionen und Daten miteinander verwoben sind. Häufig spart sich der Entwickler dann die saubere Strukturierung seines Programms ein und testet (falls überhaupt) nur die eine Methode auf die Gesamtfunktionalität. Auf diese Weise sollten Sie Ihre Methoden nicht aufbauen, da Sie sich die Möglichkeit nehmen, einzelne Funktionalitäten mittels Unit-Tests zu überprüfen. Ihnen bleibt nichts anderes übrig als mit dem Debugger die unterschiedlichen Konstellationen zu überprüfen. Schauen wir uns eine beispielhafte Verwendung von Methoden für den Report ZPRODUKT an. Natürlich könnten die Methoden so aufgebaut werden, dass diese keine Schnittstellenparameter enthalten, und anhand der Klassendaten die Verarbeitung durchführen. Aber eine besser testbare Variante ist, dass jede Methode die relevanten Daten per Parameterübergabe weitergibt. Der Vorteil dieser Variante ist, dass der Testkontext bei jedem Aufruf einer einzelnen Methode verändert werden kann. Eine beispielhafte Implementierung sehen Sie im folgenden Listing.

Listing 5–5

```
report zprodukt.

...
class lcl_product definition.
  private section.
    data:
      mt_current_sflights type zty_sflights.
endclass.

class lcl_product implementation.

...
  method  init_start.
  data:
     lt_current_sflights type zty_sflights.

*   Selektion der Daten => Tabelle wird aufgebaut
    select(
      receiving
        rt_sflights = lt_sflights ).

*   Reduzierung der Daten => Tabelle wird geändert
    reduce(
      changing
        ct_sflights = lt_sflights ).

*   Ändern der Daten => Tabelle wird geändert
    modify(
      changing
        ct_sflights = lt_sflights ).
```

```
*   Daten werden gespeichert => Tabelle wird übergeben
    upload(
      importing
        it_sflights = lt_sflights ).
*   Daten werden angezeigt => Tabelle wird übergeben
    display(
      importing
        it_sflights = lt_sflights ).

  endmethod.

endclass.
```

Durch die Übergabe der Verarbeitungstabelle ist es sehr einfach möglich, die Tabelle (in unserem Fall die interne Tabelle `lt_sflights`) vorher zu manipulieren, um ggf. unterschiedliche Testkonstellationen zu produzieren und unterschiedlichste Testfälle durchzuführen.

5.4.3 Unit Testing in laufende Projekte/Prozesse einbinden

Die Integration von Tests in laufende Projekte oder Prozesse dürfte eine häufig vorkommende Anforderung sein. Oft ist es so, dass Sie Projekte unterstützen, die schon ein bestehendes Verfahren haben und dieses nutzen müssen. Im Grunde genommen gibt es zwei Situationen:

- Ihr derzeitig genutzter Entwicklungsprozess sieht das Unit Testing während der Entwicklung vor oder …
- Ihr derzeitiger Entwicklungsprozess sieht kein Unit Testing vor.

Gut, wenn Sie sich in einem Umfeld befinden, das Unit Testing vorsieht, dann können Sie sich glücklich schätzen und das Unit Testing entsprechend durchführen.

Weitaus schwieriger ist die Situation, wenn Ihr derzeitig genutzter Entwicklungsprozess das Unit Testing nicht als Aktivität während der Entwicklung eingeplant hat.

The Three Amigos: Mr. Good, Mr. Bad and Mr. Pragmatic

Mr. Bad: In unseren Entwicklungsrichtlinien wird Unit Testing während der Erstellung von Software nicht erwähnt, und deswegen ist dieses Mittel für mich nicht nutzbar!

Mr. Good: Ich nehme mal an, dass in der einen oder anderen Form bei euch so oder so Unit getestet wird. Sei es durch ein kleines Testprogramm oder durch eine erneute Debugging-Sitzung, um sich davon zu überzeugen, dass gewisse Funktionalitäten genau so funktionieren, wie es angefordert ist. Das heißt, dass Unit Testing wird bei euch schon gelebt, ist aber leider nicht als Teil des Entwicklungsprozesses erkannt und dementsprechend auch nicht in den Entwicklungsrichtlinien enthalten. Versuch doch mal mit euren Prozessverantwortlichen und deinem Teamleiter zu reden und sie davon zu überzeugen, dass sie das Unit Testing als Prozessschritt erkennen und auch in den Richtlinien festhalten.

Mr. Bad: Aber ich werde doch nicht dafür bezahlt, dass ich den Projektverantwortlichen erkläre, wie Entwicklungsprozesse funktionieren!

Mr. Pragmatic: Natürlich wirst du für das Programmieren bezahlt, aber du solltest wenigstens die Möglichkeit nutzen, den Projektverantwortlichen ein Feedback von dir zum aktuellen Entwicklungsprozess zu geben. Dies hilft den Projektverantwortlichen ihre bestehenden Prozesse weiter zu optimieren.

Sie haben nicht häufig die Gelegenheit, mit dem Prozessverantwortlichen zu reden, bzw. es wäre völlig nutzlos, Ihr Feedback weiter zu kommunizieren, da die vorhandenen Prozesse in Stein gemeißelt sind und es nicht wirklich möglich ist, dort Verbesserungen durchzusetzen.

Leben Sie die Prozesse und nutzen Sie einfach das Unit Testing!

Wenn Sie in solch einer Situation sind, dann leben Sie den Prozess einfach! Sie sind dafür verantwortlich, dass Ihre entwickelten Softwareprodukte qualitativ gut sind. Das heißt, Sie werden sich nicht die Möglichkeit nehmen lassen, schon während der Entwicklung zu testen, um dann in weiteren Entwicklungsiterationen die Qualität Ihrer Software zu verbessern. Jeder Zyklus der Iteration wird neue Erkenntnisse für Sie bringen, diese Erkenntnisse werden Sie durch Anpassung Ihres Codings und durch weitere Tests umsetzen. So wird Ihre Software von Iteration zu Iteration mit dem Einsatz von Unit-Tests während der Entwicklungsphase qualitativ besser werden.

5.5 Zusammenfassung

Zum Durchführen des systematischen Testens wurde das Mindestmaß an Testtheorie und Testmethodik vermittelt. Sie besitzen nun das Grundgerüst, um das

Thema Softwaretest besser zu verstehen und in Ihrer täglichen Arbeit anzuwenden.

- Grundlegende Testbegriffe, Fehlerbegriffe und Fehlerarten gehören zum Vokabular im Testumfeld.
- Der grundlegende Testprozess anhand des W-Modells umfasst diverse Stufen.
- Der Testprozess ist in den Entwicklungsprozess integriert. Unterschiedliche Aktivitäten werden durchlaufen, um eine Anforderung als getestet zu betrachten.
- IEEE-Unit-Test-Phasen spiegeln den grundlegenden Testprozess wider.
- Unit Testing ist das Testen (durch Programme, die automatisiert werden können) von kleinen Einheiten.
- Um testbare Programme zu erstellen, müssen Sie Ihre Software in kleine Einheiten mit klarer Schnittstelle strukturieren.
- Um testbare Programme umzusetzen, bedenken Sie Ihren Programmaufbau, das Design Ihrer erstellten Klassen und die Umsetzung der Funktionalitäten in Methoden.
- Unit Testing in laufende Prozesse einzubinden, stellt eine Herausforderung dar, ist aber möglich und sollte mit den Prozessverantwortlichen angegangen werden.

Teil II

ABAP Unit

6 ABAP Unit – Grundlagen

»Praktisches Können erwächst nur aus dem TUN.«

Ralph Waldo Emerson

In diesem Kapitel erhalten Sie die notwendigen Grundlagen, um Unit-Tests mithilfe von ABAP Unit zu erstellen und in Ihrem Entwicklungsprozess einzusetzen. Anhand eines Praxisbeispiels werden die Grundlagen des ABAP Unit Frameworks erklärt. Sie erhalten Einblick in den Prozess der Unit-Testerstellung und sehen, wie systematische Testmethodiken im Zusammenhang mit ABAP Unit eingesetzt werden.

Übersicht über das Kapitel:

- Was bedeutet Unit Testing für den Entwickler?
- Grundlagen des ABAP Unit
- Prüfmethoden der Klasse `CL_AUNIT_ASSERT`
- Testklassen und Testmethoden des ABAP Unit Frameworks
- Organisation und Einsatz des ABAP Unit Frameworks
- Schritt-für-Schritt-Anleitung, um ABAP Unit-Tests zu erstellen
- Best Practices beim Einsatz von ABAP Unit

ABAP Unit ist die SAP-eigene Umsetzung des xUnit Frameworks. Mit der Integration des ABAP Unit in das SAP-Release 6.40 ist es nun möglich, dieses Framework für das Erstellen von Unit-Tests zu nutzen. Bevor wir uns mit der Philosophie und dem Aufbau des ABAP Unit Frameworks beschäftigen, hier noch eine Antwort von Kent Beck (dem Ur-Vater des eXtreme Programming (XP)) zur Frage, was für ihn eigentlich Unit Testing ist:

»A test written from the perspective of the programmer.«

Diese Antwort enthält die wesentliche Botschaft für den Entwickler. Unit-Tests, also auch ABAP Unit-Tests, sind Tests, die vom Entwickler selber programmiert werden.

Der Einsatz des ABAP Unit bedeutet also

- Der Entwickler schreibt seine eigenen Tests.
- Das Programmieren dieser Tests erfolgt während der Erstellung der Software.
- Die Tests werden demzufolge in den Entwicklungssystemen erstellt.
- Dem Entwickler ist die innere Struktur des Testobjekts bekannt, demzufolge sind die Unit-Tests ⇨ White-Box-Tests.

Aber diese Verpflichtungen gehen Sie als Entwickler gerne ein, denn die Vorteile von Unit Testing machen den Einsatz mehr als wett:

- Entwickler sind produktiver, wenn sie Unit-Tests einsetzen.
- Die Qualität des Softwareproduktes steigt.
- Unit-Tests können als Dokumentation zu den getesteten Einheiten genutzt werden.
- Durch den Test von Programmeinheiten während der Entwicklung wird die Architektur und das Design während einer frühen Entwicklungsphase geprüft. Sollten Architekturänderungen notwendig sein, dann können diese rechtzeitig ohne großen Aufwand getätigt werden.
- Unit-Tests können automatisiert werden, insbesondere können damit Fehlernachtests automatisiert werden.
- Das ⇨ Refactoring von Source-Code wird erleichtert, da Unit-Tests sicherstellen, dass das Softwareprodukt nach dem Refactoring genauso funktioniert wie vorher.

Damit dieser Teil keine zu theoretische Vorstellung der ABAP-Syntaxelemente wird, sondern ein praktischer Leitfaden zum Einsatz des Unit Testing, stelle ich Ihnen die Sprachelemente mit einem größeren Praxisbeispiel vor.

6.1 Philosophie & Funktionsweise von ABAP Unit

Seit dem Basis-Release 6.40 ist ABAP Unit in die ABAP-Laufzeitumgebung integriert. Mittels des Frameworks ist es möglich, einzelne Programmeinheiten zu testen. ABAP Unit beruht auf dem einfachen Testprinzip, dass die Ist-Situation mit der Soll-Situation (bezogen auf Variablen) geprüft wird. Das heißt nichts anderes, als dass Sie Ihr Endergebnis mit einem vorher überlegten Soll-Ergebnis prüfen. Um dieses Testprinzip umzusetzen, ermöglicht Ihnen ABAP Unit, mittels Testklassen und Testmethoden Ihr Testcoding zu erstellen und in der Laufzeitumgebung auszuführen.

Für die folgenden Programmtypen können Sie ABAP Unit-Test implementieren und ausführen:

- Ausführbare Programme
- Modulpools
- Funktionsgruppen
- Klassenpools

Bei der Implementierung von ABAP Unit-Tests haben Sie zwei Möglichkeiten. Entweder Sie schreiben eigene Programme (bzw. Funktionsbausteine, Klassen usw.) und trennen damit die Testprogramme von dem Produktivcoding, oder Sie schreiben Ihr Testcoding direkt in die Programme, die getestet werden sollen[1]. Im Grunde genommen sollten Sie beide Möglichkeiten kennen und bei dem Erstellen der Unit-Tests bedenken.:

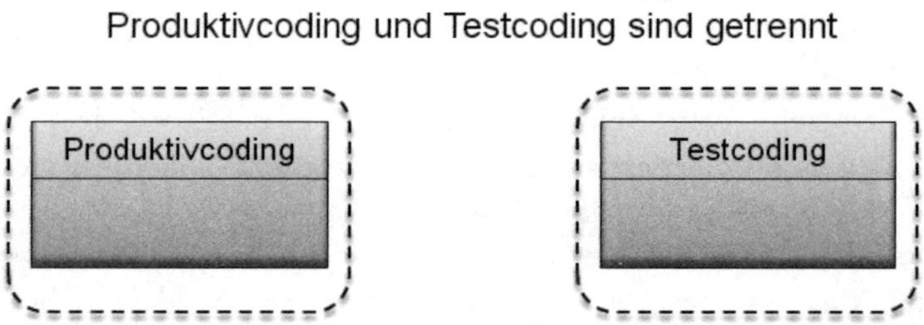

Abb. 6–1 *Organisation Produktiv- und Testcoding*

---

1. Die SAP-Terminologie für diese Möglichkeit lautet *Language Integrated Testing*.

Pro und Contra der Implementierung des Testcodings

- Pro Testcoding in eigenen Programmeinheiten
  - Die Testprogramme können in einem eigenständigen Paket gehalten werden.
  - Das Testcoding ist getrennt vom Produktivcoding, es findet keine Vermischung von Coding statt.
  - Beim Transport des Produktivcodings ist das Testcoding enthalten.

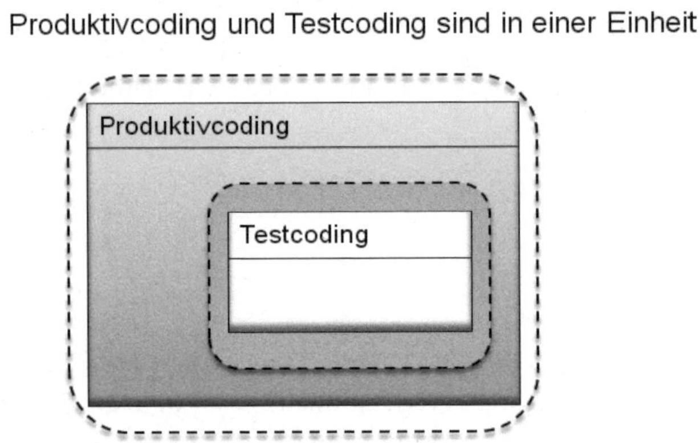

Abb. 6–2 *Produktivcoding und Testcoding in einer Einheit*

- Contra Testcoding in eigenen Programmeinheiten
  - Häufig ist es so, dass Testcoding und Produktivcoding sehr eng verwoben sind, dadurch könnte es sehr umständlich werden, Testcoding zu implementieren.
  - Ändert sich das Produktivcoding, könnte es passieren, dass die Testeinheiten, die ja ausgelagert sind, nicht entsprechend angepasst werden und die Unit-Tests nicht mehr aktuell sind.
  - Durch neue Versionen des Produktivcodings müssen Sie sicherstellen, dass auch das ausgelagerte Testcoding die entsprechend aktuelle Variante des Testcodings enthält.
  - Wenn Sie das Produktivcoding in andere Systeme transportieren, dann dürfen Sie das Testcoding nicht vergessen. Es entsteht ein doppelter Aufwand beim Transport.

Hier stellt sich natürlich folgende Frage: Wenn das Testcoding und das Produktivcoding in einer ausführbaren Einheit (beispielsweise einem Programm, einem Funktionsbaustein oder einer Klasse) enthalten sind, wird dann in den Produktivsystemen das Testcoding ausgeführt, wenn das eigentliche Programm ausgeführt wird?

Testcoding wird in Produktivsystemen nicht kompiliert!

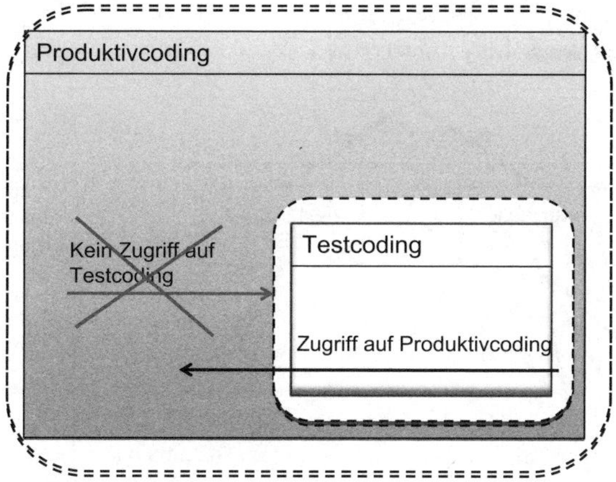

Abb. 6–3 *Komponentenzugriff*

Der Profilparameter `ABAP/TEST_GENERATION` ist in Produktivsystemen standardmäßig mit `OFF` voreingestellt. Dies bedeutet, dass Testcoding nicht kompiliert wird und somit nicht ausgeführt werden kann.

Eine weitere Restriktion, die die SAP bei der Integration des Testcodings in das Produktivcoding eingebaut hat, ist, dass das Testcoding zwar auf alle Komponenten des Produktivcodings zugreifen kann und dieses ausführen kann, aber das Produktivcoding darf keine Komponenten des Testcodings nutzen. Sollten Sie dieses trotzdem versuchen, erhalten Sie einen Syntaxfehler bei der Syntaxprüfung.

Gibt es eine Empfehlung, wie das Testcoding zu implementieren ist?

Die SAP empfiehlt, dass Sie die Möglichkeit nutzen, das Testcoding in das Produktivcoding zu integrieren.

An dieser Stelle kann ich Ihnen keine Empfehlung geben, welche Möglichkeit die bessere ist. Der letztendliche Implementierungsort des Testcodings hängt von den konkreten Testobjekten ab und muss individuell entschieden werden.

Aus meiner Erfahrung kann ich Ihnen sagen, dass bei mir persönlich die Entscheidung 70:30 für die Integration des Testcodings in das Produktivcoding ist. Dies ist keineswegs repräsentativ und kann bei anderen Entwicklern ganz anders ausfallen.

Organisation der ABAP Unit-Tests

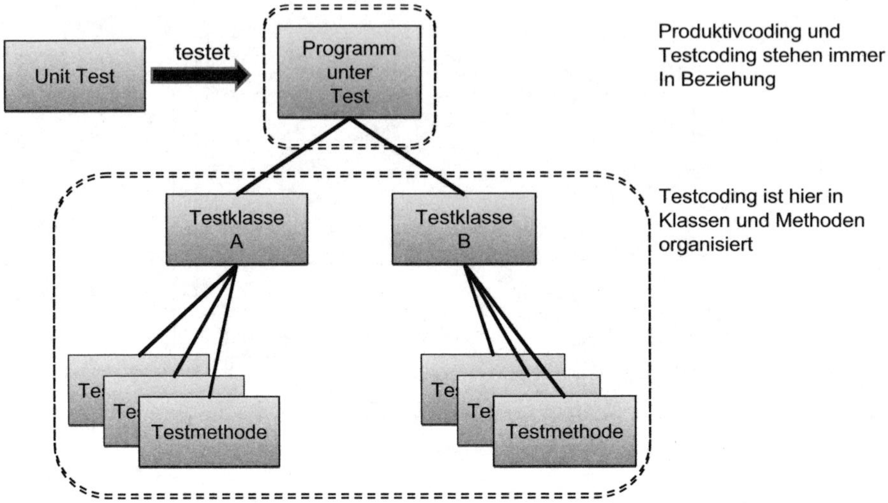

Abb. 6–4 *Programm unter Unit-Test*

Die Basis der ABAP-Unit-Testorganisation ist die ⇨ Testaufgabe. Alle Unit-Tests eines oder mehrerer Programmtypen, für die ein ⇨ Testlauf ausgeführt werden kann, werden in der Testaufgabe zusammengefasst. Hinter dem Testlauf verbirgt sich nichts anderes als die Ausführung einer Testaufgabe. Wenn Sie Unit-Tests für einen Programmtyp durchführen möchten (siehe Seite 118), dann können Sie diese direkt über die ABAP Workbench starten. Sobald Sie mehrere Testläufe zusammenfassen möchten, müssen Sie dies über den Code Inspector (Transaktion SCI) machen. Näheres dazu finden Sie unter ⇨ *Integration in den Code Inspector* auf Seite 159.

ABAP Unit-Tests sind in Klassen organisiert. Die Testeinheiten, welche mit dem eigentlichen Test gleichbedeutend sind, befinden sich in den ⇨ Testmethoden. Wenn Sie ABAP Unit-Tests ausführen, dann prüft die Laufzeitumgebung nach, ob Sie Testmethoden und ⇨ Testklassen im aktuell auszuführenden Programm besitzen. Sollte dies zutreffen, dann werden alle ABAP Unit-Tests ausgeführt. Wenn Sie ein Programm testen möchten, so wie in der oberen Abbildung zu sehen, dann ist die Implementierung der Tests in Testmethoden vorzunehmen. Das heißt, dass Sie Testklassen benötigen, welche die Testmethoden enthalten und das Prüfobjekt (in unserem Fall das Programm unter Test) testet.

6.2 Beispielanwendung entwickeln

An dieser Stelle wollen wir dieses Unterkapitel nutzen, um die Beispielanwendung zu entwickeln. Dabei werden wir die Empfehlungen für die Entwicklung von testbaren Programmen aus Kapitel 5 umsetzen.

Die Beispielanwendung wird im Flugdatenmodell verschiedene Anforderungen umsetzen (siehe Anwendungsfall Beispielprojekt 6-5).

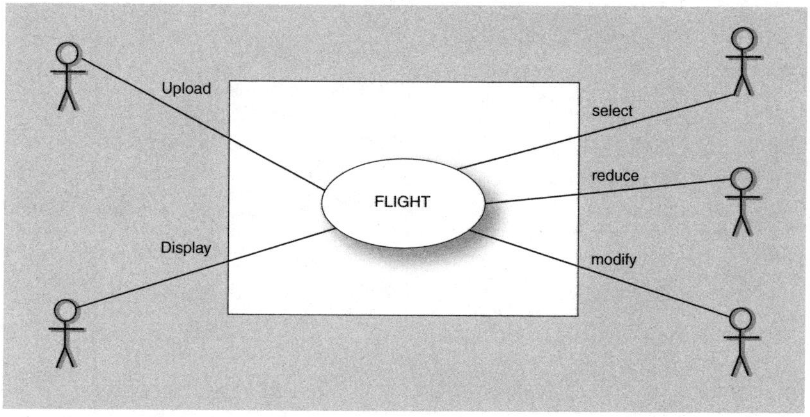

Abb. 6–5 *Anwendungsfall Beispielprojekt*

- Daten aus dem Flugdatenmodell werden selektiert.
- Diese Daten werden anhand von bestimmten Attributen reduziert.
- Die reduzierte Datenbasis wird erneut anhand weiterer Kriterien modifiziert.
- Die Ergebnisdaten werden in einem definierten Format gesichert.
- Die Ergebnisdaten werden in einem definiertem Format angezeigt.

Gut, diese Anforderung kommt Ihnen vielleicht schon bekannt vor, denn sie war Basis im Kapitel 5 für die Beispiele des systematischen Testens.

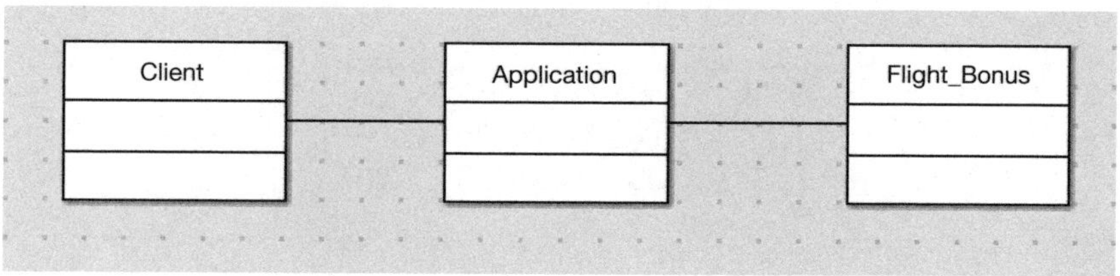

Abb. 6–6 *Klassen der Flugbonusberechnung*

Die Anforderung werden wir mittels ABAP Objects umsetzen. Dabei wird es einen Startpunkt geben, von dem aus die Verarbeitung beginnen wird. Dies ist ein herkömmlicher Report. Der Report ruft dann die Klassen auf, die die Businesslogik enthalten.

In der obigen Abbildung steht die Klasse Client für den Startreport. Er ist sozusagen das User-Interface (UI) der Anwendung.

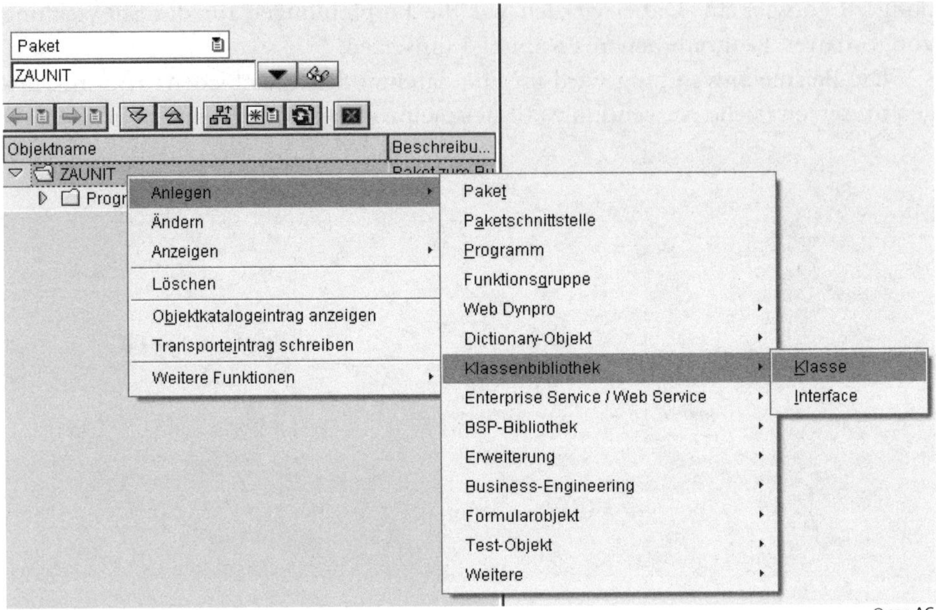

© sap AG

Abb. 6–7 *Anlegen einer globalen Klasse*

Die Anforderungen der Businesslogik aus dem Anwendungsfalldiagramm werden wir in der Klasse ZCL_FLIGHTS_BONUS implementieren. Gehen Sie dazu in den Object-Browser (geben Sie dafür die Transaktion SE80 ein) und rufen Sie das zuvor angelegte Paket ZAUNIT auf.

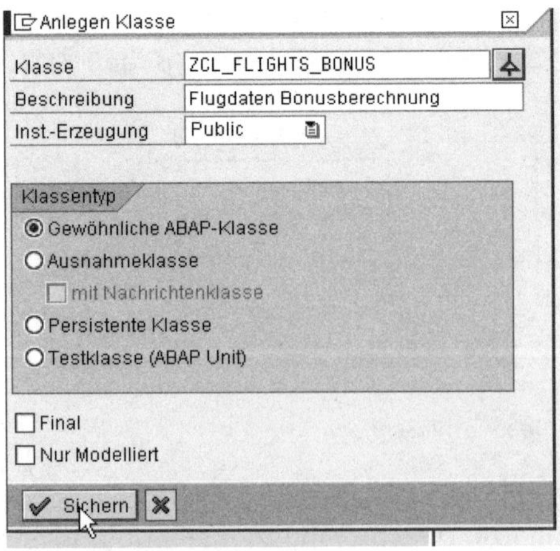

© sap AG

Abb. 6–8 *Anlegen einer Klasse – Detailangaben*

Mit der rechten Maustaste gehen Sie auf das Paket und legen Sie die Klasse ZCL_FLIGHTS_BONUS an.

Geben Sie in das Beschreibungsfeld den Text »Flugdaten Bonusberechnung« ein und demarkieren Sie die Checkbox *Final*. Danach drücken Sie den *Sichern*-Button und bestätigen im Folgebild das Paket ZAUNIT mit dem *Speichern*-Button und im Folgebild den Transportauftrag mit dem *Weiter*-Button.

Nun werden wir die Struktur für die Verarbeitung anlegen. Es gibt mehrere Möglichkeiten, dies zu tun. Entweder legen Sie eine globale Data-Dictionary-Struktur mit der Transaktion SE11 an oder, wie in unserem Fall, Sie legen eine globale Struktur in den Typdefinitionen der Klasse an. In der Klasse ZCL_FLIGHTS_BONUS wechseln Sie in den Tabreiter *Typen*.

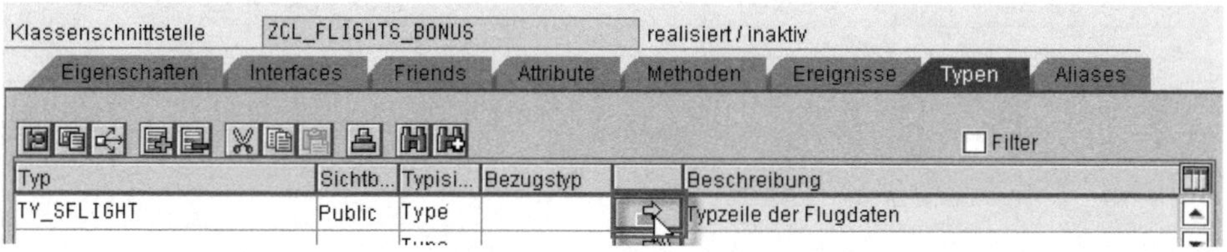

© sap AG

Abb. 6–9 *Typanlage in der globalen Klasse*

Nachdem Sie den Typnamen TY_SFLIGHT mit dem ⇨ Sichtbarkeitsbereich Public eingetragen haben, drücken Sie den Button *Direkte Typeingabe*. Nach dem *Sichern*-Dialog ersetzen Sie die Coding-Zeile TYPES TY_SFLIGHT durch folgenden Inhalt:

Listing 6–1

```
types:
     begin of ty_sflight,
       carrid      type s_carr_id,
       connid      type s_conn_id,
       fldate      type s_date,
       planetype   type s_planetye,
       seatsmax    type s_seatsmax,
       seatsmax_b  type s_smax_b,
       seatsmax_f  type s_smax_f,
       countryfr   type land1,
       cityfrom    type s_from_cit,
       countryto   type land1,
       cityto      type s_to_city,
       distance    type s_distance,
       distid      type s_distid,
     end of ty_sflight.
```

Nun gehen Sie analog vor und legen den globalen Klassentyp TY_SFLIGHTS an.

Listing 6–2

```
types:
      ty_flights type standard table of ty_flights.
```

Sichern Sie Ihre Eingaben und gehen Sie mit dem *Zurück*-Button oder Drücken der Funktionstaste F3 ein Bild zurück. Geben Sie noch in der Spalte *Beschreibung* »Typtabelle der Flugdaten« ein.

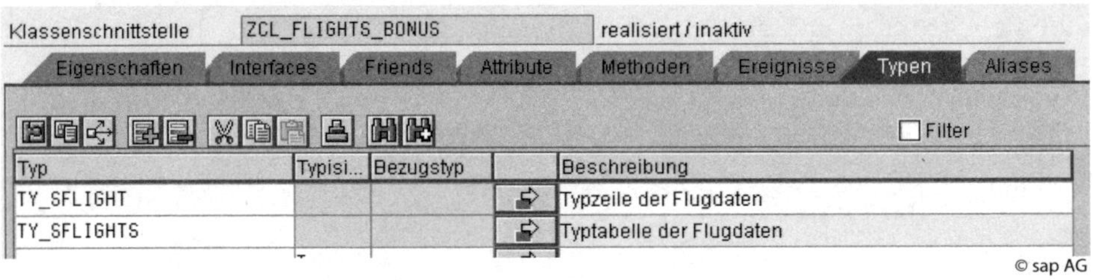

Abb. 6–10 *Typangaben in der Klasse ZCL_FLIGHTS_BONUS*

Nun wechseln Sie in den Tabreiter *Methoden* und geben die folgende Methode ein:

In der Spalte *Methode* den Methodennamen `selection`, in der Spalte *Art* wählen Sie die Eigenschaft *Instance Method* aus, und in der Spalte *Sichtbarkeit* die Eigenschaft `Public`. Als Beschreibung tragen Sie »Selektion der Daten« ein.

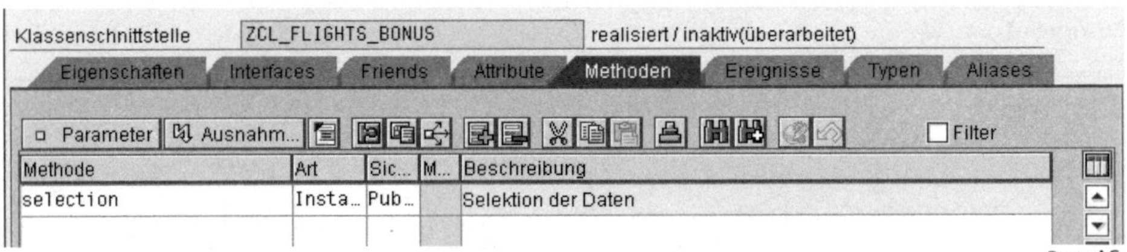

Abb. 6–11 *Methode SELECTION anlegen*

Ihre Eingabe dürfte nun aussehen wie in der obigen Abbildung. Legen Sie jetzt die folgenden Methoden an. Alle Methoden erhalten in den Spalten Art und Sichtbarkeit dieselben Eigenschaften wie die Methode `SELECTION`.

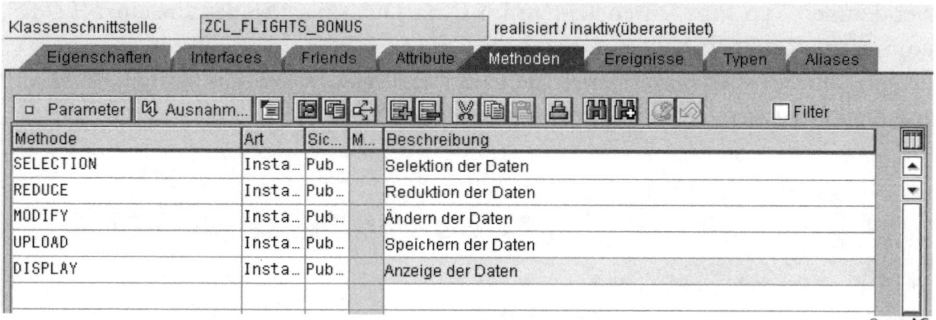

© sap AG

Abb. 6–12 *Restliche Methoden der Klasse ZCL_FLIGHTS_BONUS anlegen*

Nun haben wir die Methoden angelegt, und zwar erst mal ohne Parameterdefinitionen. Bevor wir die Parameter definieren, navigieren Sie in den Tabreiter Attribute. Legen Sie die Instanzstruktur `ms_flight` vom zuvor definierten Klassentyp `ty_flight` mit der Sichtbarkeit `Private` an. Legen Sie die Instanztabelle `MT_FLIGHTS` vom Typ `TY_FLIGHTS` und der Sichtbarkeit `Private` an und sichern Sie die Klasse.

▶ **Best Practice** --

Nach Ende von kurzen Entwicklungsiterationen sollten Sie Ihr aktuelles Programmcoding auf Syntaxfehler prüfen. Dies können Sie über das Drücken des Buttons *Prüfen* in der Buttonleiste oder durch Eingabe des Tastaturbefehls CTRL + F2 machen. Wenn Ihr Programmcoding keine Syntaxfehler aufweist, können Sie dies mit dem Button *Aktivieren* in der Button-Leiste aktivieren oder den Tastaturbefehl CTRL + F3 ausführen.

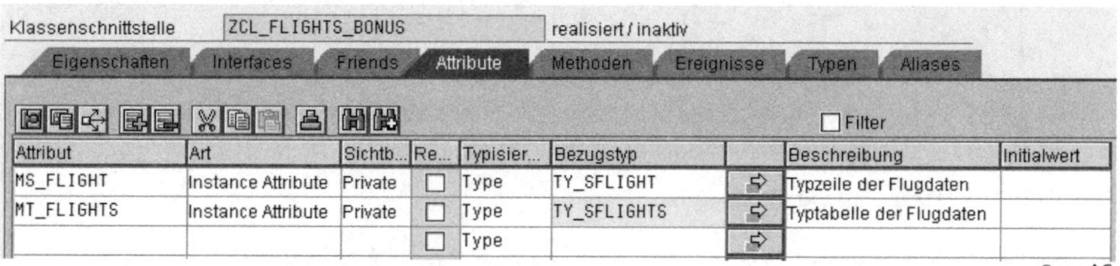

© sap AG

Abb. 6–13 *Attribute der Klasse ZCL_FLIGHTS_BONUS anlegen*

Weiterhin werden wir die Parameter, mit denen die Ausführung der Klasse stattfindet, ebenfalls in der Klasse als Instanzattribute mit dem Sichtbarkeitsbereich *Private* anlegen. Alle Tabellen sind vom Typ `RANGE TAB`.

Die Range-Tabelle stellt nichts anderes dar als die Selektionsparameter eines Feldes auf dem Selektionsbilschirm. Die Struktur einer Range-Tabelle ist vordefiniert mit `LOW`- und `HIGH`-Werten (dies entspricht den Feldern von bis) und den Informationen zu den Feldern wie `SIGN` und `OPTION`, welche Auskunft darüber geben, ob die Inhalte inklusive oder exklusive betrachtet werden sollen). Wir verwenden den Typ (das Datenelement im Data Dictionary) jedes einzelnen Feldes, um interne Range-Tabellen zu erhalten. Gehen Sie nun wie folgt vor.

Im Tabreiter *Attribute* geben Sie in der Spalte *Attribut* den Namen `MT_CARRID` ein. Dann drücken Sie den Button *Direkte Typeingabe*:

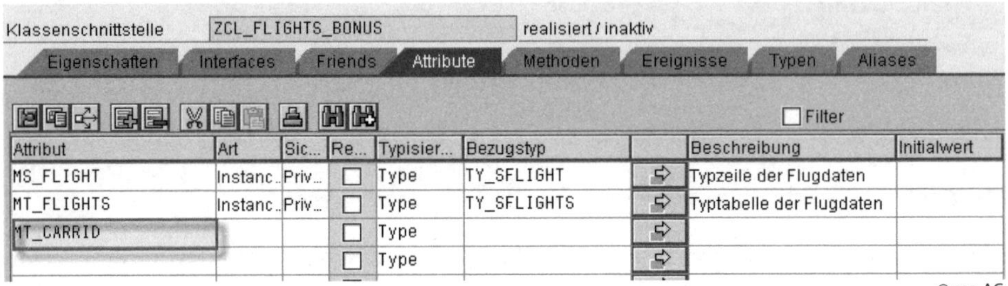

© sap AG

Abb. 6–14 *Direkte Typangabe für Attribute*

Nun sind Sie in der *Private Section*, wo Sie die internen Range-Tabellen definieren können. Erweitern Sie dazu die Datendefinition des Attributes `MT_CARRID` und fügen Sie die Attribute `MT_FLDATE`, `MT_CITYFROM` und `MT_CITYTO` mit der folgenden Typdefinition hinzu.

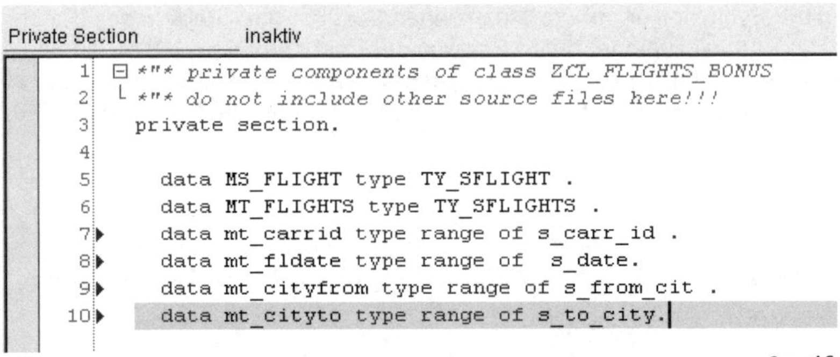

© sap AG

Abb. 6–15 *Direkte Typangabe der Range-Tabellen*

Speichern Sie und gehen Sie zurück mittels des *Zurück*-Buttons.

Jetzt legen wir erst einmal den `CONSTRUCTOR` für die Klasse an. Wechseln Sie in den Tabreiter *Methoden*. In der Buttonleiste befindet sich der Button *Konstruktor*.

© sap AG

Abb. 6–16 *Konstruktor anlegen*

Durch Betätigen des Buttons wird der Konstruktor in die Klasse eingefügt.

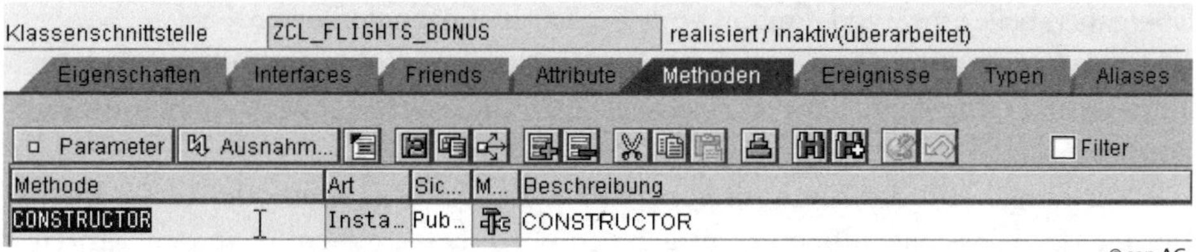

© sap AG

Abb. 6–17 *Methode CONSTRUCTOR wird angelegt*

Der Konstruktor wird die Selektionstabellen per Parameterübergabe erhalten und diese in den Klassenattributen speichern. Stellen Sie den Cursor in die Zeile `Constructor` der Spalte *Methode* und drücken Sie dann den *Parameter*-Button:

© sap AG

Abb. 6–18 *Methode Constructor Parameter anlegen*

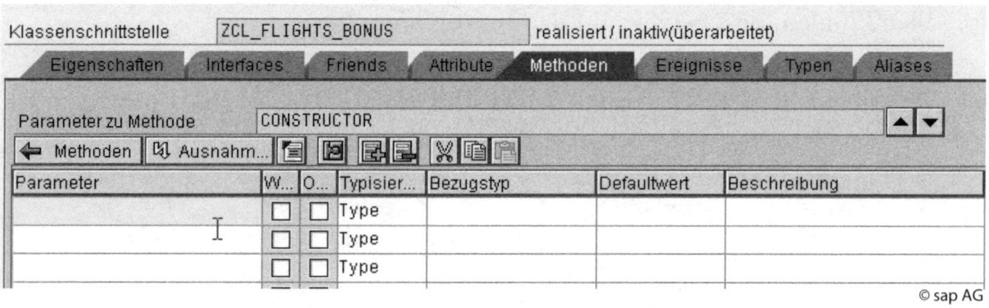

© sap AG

Abb. 6–19 *Parameter anlegen*

Geben Sie nun die Parameter wie in folgender Abbildung ein.

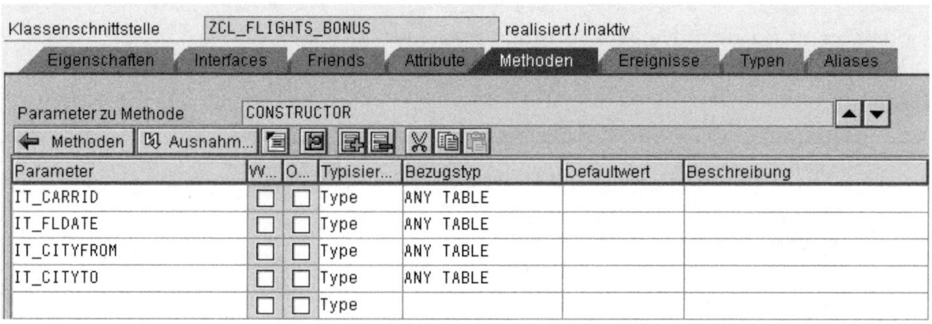

Abb. 6–20 *Parameter der Methode CONSTRUCTOR*

© sap AG

Die Übergabeparameter sind die Selektionstabellen. Hier verwenden wir den Bezugstyp ANY TABLE, welcher ein generischer Bezugstyp ist. Dadurch bleibt es uns erspart, für jede Übergabetabelle eine Typdefinition vom Typ RANGE TAB zu definieren.

Nun haben wir alle notwendigen Klassenattribute und Methoden-Schnittstellenparameter angelegt. Jetzt ist es an der Zeit, die einzelnen Methoden auszuprogrammieren.

Wir fangen mit der Methode CONSTRUCTOR an, da diese Methode bei der Instanzierung der Klasse als allererste aufgerufen wird. Dazu gehen Sie in den Tabreiter *Methoden* und führen einen Doppelklick auf die Methode CONSTRUCTOR aus.

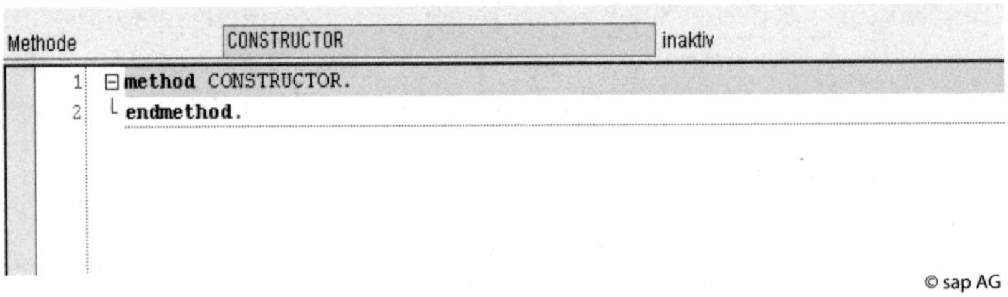

Abb. 6–21 *Ergebnis Constructor-Anlage*

Nun befinden wir uns im Methoden-Editor. Damit Sie die Schnittstellenparameter sehen können, drücken Sie auf den Button *Signatur*:

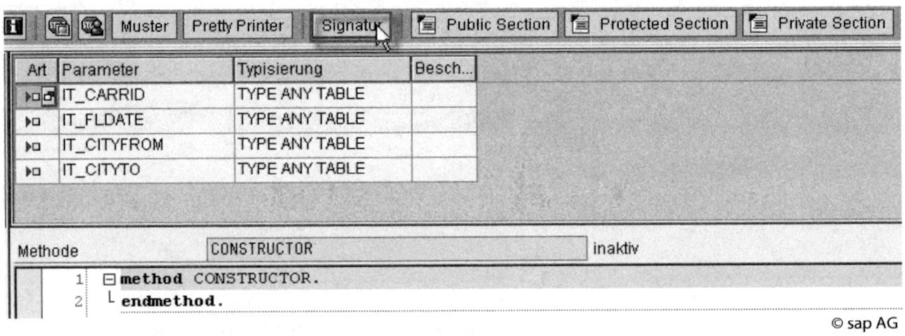

Abb. 6–22 *Signatur der Methode CONSTRUCTOR*

Geben Sie nun folgendes Programmcoding ein.

Listing 6–3

```
method constructor

  me->mt_carrid   = it_carrid.
  me->mt_fldate   = it_fldate.
  me->mt_cityfrom = it_cityfrom.
  me->mt_cityto   = it_cityto.

endmethod.
```

Sichern Sie die Methode und kehren Sie zurück zum *Methoden*-Tabreiter.

▶ **Best Practice** --

Die Attribute der Klasse erhalten zusätzlich die Information, dass sie Attribute der aktuellen Klassen sind. Dies wird durch das Voranstellen des ME kenntlich gemacht. Natürlich können Sie auch ohne das ME die Attribute zuweisen, doch wenn die Methoden-Schnittstellenparameter genauso heißen wie die Instanz-Attribute (was durchaus möglich ist und auch häufig vorkommt), dann wissen Sie bei Operationen auf diesen Daten nicht, ob es sich um den Schnittstellenparameter oder um das Instanz-Attribut handelt. Aus diesem Grund machen Sie Ihre Instanz-Attribute durch das ME kenntlich, es vereinfacht das Lesen und Verstehen Ihres Programmcodings enorm.

Weiter geht es mit der Methode SELECTION. Navigieren Sie in den *Methoden*-Editor durch Doppelklick auf den Methodennamen. Geben Sie nun das folgende Programmcoding ein.

Listing 6–4

```
method selection.

  select
    sflight~carrid
    sflight~connid
    sflight~fldate
    sflight~planetype
    sflight~seatsmax
    sflight~seatsmax_b
    sflight~seatsmax_f
    spfli~countryfr
    spfli~cityfrom
    spfli~countryto
    spfli~cityto
    spfli~distance
    spfli~distid
      into table me->mt_flights
        from ( sflight as sflight
        inner join spfli as spfli
        on  sflight~carrid = spfli~carrid
        and sflight~connid = spfli~connid )
          where sflight~carrid in me->mt_carrid
          and sflight~fldate in me->mt_fldate
          and spfli~cityfrom in me->mt_cityfrom
          and spfli~cityto   in me->mt_cityto.

endmethod.
```

Prüfen Sie Ihr Programmcoding mit dem Button *Prüfen* und aktivieren Sie die Entwicklungskomponenten.

Jetzt werden wir die Methode DISPLAY ausprogrammieren, sodass wir die Daten aus der Anwendung mittels Listausgabe anzeigen können.

Listing 6–5

```
method display.

  data:
   ls_flight type me->ty_sflight.

   loop at me->mt_flights into ls_flight.

   write:
     /01 ls_flight-carrid,
     10 ls_flight-fldate,
     22 ls_flight-cityfrom,
     42 ls_flight-cityto,
     62 ls_flight-planetype.

  endloop.

endmethod.
```

Wie gewohnt prüfen Sie das Programmcoding mittels des Buttons *Syntax-Prüfen*, führen einen Pretty-Print durch und aktivieren die Sourcen.

Fassen wir kurz zusammen, was wir bisher schon programmiert haben. Wir haben den Konstruktor der Klasse entwickelt. Er enthält die Schnittstellenparameter und speichert diese Inhalte in die privaten Attribute der Klasse. Die Selektion der Daten von der Datenbank wird mit der Methode SELECTION durchgeführt, und die Ausgabe der Daten erfolgt mit der Methode DISPLAY.

Wir sind jetzt so weit, dass wir den aktuellen Programmstand mit ABAP Unit-Tests überprüfen können. Bevor wir uns Gedanken machen, welche Tests sinnvoll sind, müssen wir noch überlegen, wie die Klasse ZCL_FLIGHT_BONUS aufgerufen wird. Schauen wir uns nochmal das Klassendiagramm aus der Anforderungsbeschreibung an.

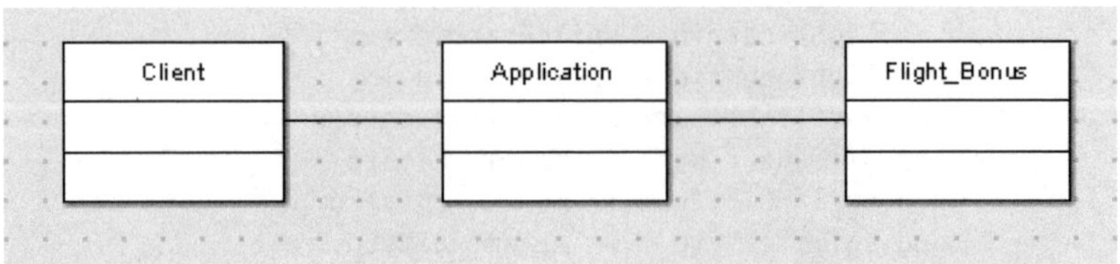

Abb. 6–23 *Klassendiagramm*

Die Klasse CLIENT ruft die Klasse APPLICATION auf, welche wiederum die Klasse ZCL_FLIGHT_BONUS aufruft. Wir werden die Anwendung so designen, dass die Klasse CLIENT durch einen normalen ABAP-Report dargestellt wird. Dieser Report enthält die Selektionsparameter, die später für die Verarbeitung wichtig sind. Die Klasse APPLICATION ist allein dafür zuständig, dass sie der Initiator für die eigentliche Verarbeitung ist. Da der CONSTRUCTOR der Klasse ZCL_FLIGHT_BONUS die Selektionstabellen als Schnittstellenparameter erwartet, werden wir diese dort übergeben.

Jetzt werden wir der Reihe nach die Entwicklungsobjekte implementieren. Gehen Sie in den *Object Navigator* und rufen Sie die Entwicklungsobjekte des Paketes ZAUNIT auf. Legen Sie nun den Report ZAU_DISPLAY_FLIGHT_BONUS an:

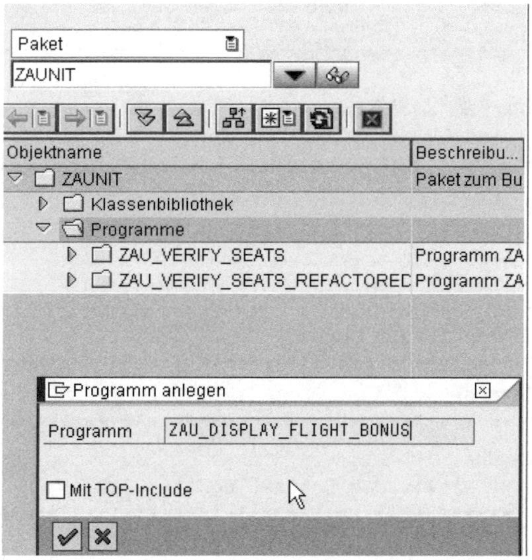

Abb. 6–24 *Programm ZAU_DISPLAY_FLIGHT_BONUS anlegen*

Den Folgedialog müssen Sie durch Drücken des Buttons *Sichern* bestätigen, ebenso wie die Paketzuordnung zum Paket ZAUNIT.

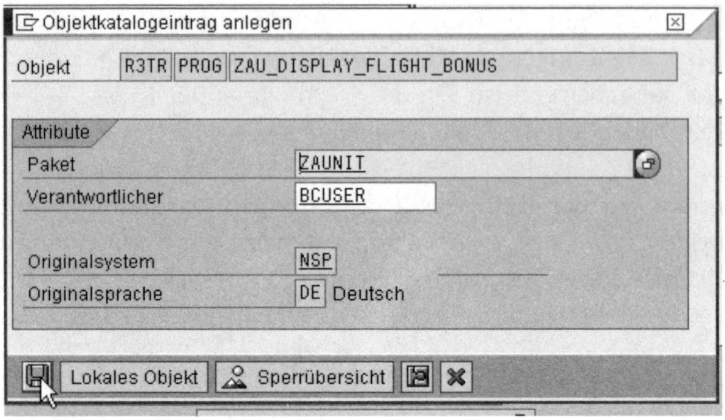

© sap AG

Abb. 6–25 *Objekt unter Paket ZAUNIT sichern*

Im folgenden Dialog bitte den gewohnten Transportauftrag durch Drücken des Buttons *Weiter* bestätigen. Geben Sie nun das folgende Programmcoding ein:

Listing 6–6

```
report  zau_display_flight_bonus.
*******************************************************************
* Inline-Kurzdokumentation:
*******************************************************************
* KURZBESCHREIBUNG
*   Dieser Report stellt die Bonus-Flugdaten dar.
*******************************************************************

*-----------------------------------------------------------------*
*D A T E N   D E F I N I T I O N E N
*-----------------------------------------------------------------*

data:
  gs_flight type zcl_flights_bonus=>ty_sflight.

*-----------------------------------------------------------------*
*S E L E K T I O N S B I L D
*-----------------------------------------------------------------*

select-options:
  s_car   for gs_flight-carrid,
  s_date  for gs_flight-fldate,
  s_city  for gs_flight-cityfrom,
  s_citto for gs_flight-cityto.
...
```

▶ **Best Practice** --

Die Datendefinition `gs_flight` (siehe 6-6) ist notwendig, damit wir die Selektionsoptionen definieren können. Es gibt natürlich auch die Möglichkeit, mittels der Anweisung `Tables: Sflight.` die Komponenten der Tabelle `Sflight` zu verwenden. Die Anweisung `Tables` ist nur bei der Dynpro-Programmierung notwendig, damit der Austausch zwischen den Dynpro-Daten und den Applikationsdaten erfolgen kann. Seit dem SAP-Basis-Release 6.40 ist es möglich, in globalen Klassen Typ-Definitionen vorzunehmen. Auf die dort definierten Typen kann anwendungsweit zugegriffen werden, sie sind den Data-Dictionary-Elementen gleichgestellt, die ebenfalls anwendungsübergreifend zur Verfügung stehen. Der Zugriff auf die Typen erfolgt genauso wie auf Attribute der Klasse, beispielsweise so: `ZCL=>TYP_NAME`.

Jetzt werden wir die Applikationsklasse anlegen. Dies könnten wir lokal in dem Report `ZAU_DISPLAY_FLIGHT_BONUS` tun, da sie im Endeffekt nur eine statische Methode enthält, die die eigentliche Verarbeitungsklasse aufruft. Aber wir werden diese Klasse ebenfalls global anlegen, damit wir anwendungsübergreifend auf sie zugreifen können.

Gehen Sie in den Object Navigator und legen Sie die Klasse `ZCL_FLIGHT_APPLICATION` an. Geben Sie die Beschreibung wie in der folgenden Abbildung an und demarkieren Sie die Checkbox *Final*:

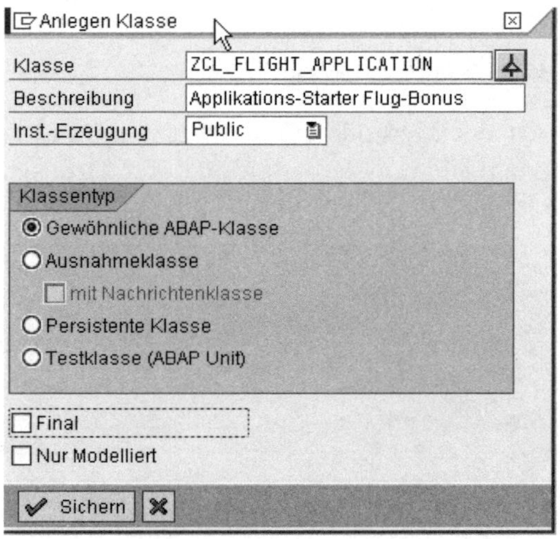

© sap AG

Abb. 6–26 *Klasse ZCL_FLIGHT_APPLICATION anlegen*

Die Folgedialoge bestätigen Sie wie gewohnt.

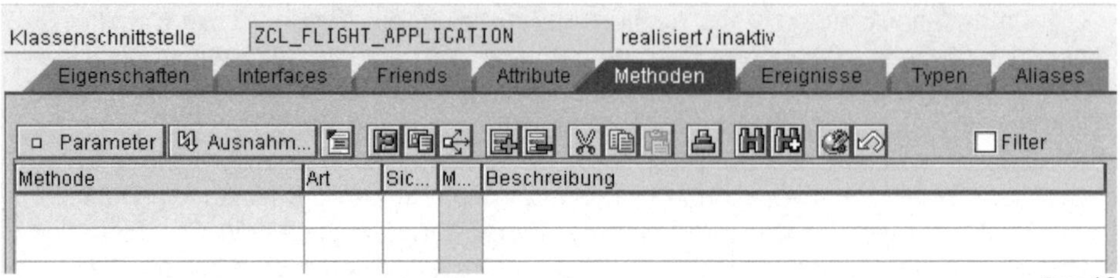

Abb. 6–27 *Klasse ZCL_FLIGHT_APPLICATION nach Anlagedialog*

Die Applikationsklasse wird die statische Methode INITIALIZE erhalten. Dadurch ist es möglich, gleich die Verarbeitung zu beginnen, ohne vorher eine Instanz der Klasse ZCL_FLIGHT_APPLICATION zu erzeugen.

Legen Sie die Methode INITIALIZE wie folgt an.

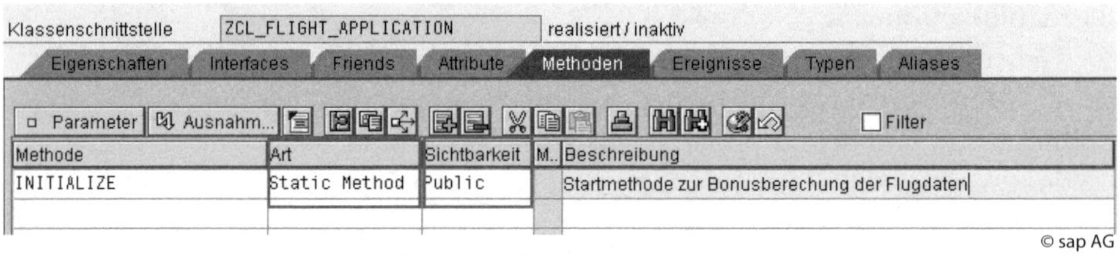

Abb. 6–28 *Statische Methode INITIALIZE anlegen*

Geben Sie bei der Art der Methode Static Method an und bei der Sichtbarkeit Public. Wechseln Sie in die Parameterdefinition durch Drücken des Buttons *Parameter* und legen Sie folgende Importing-Parameter an:

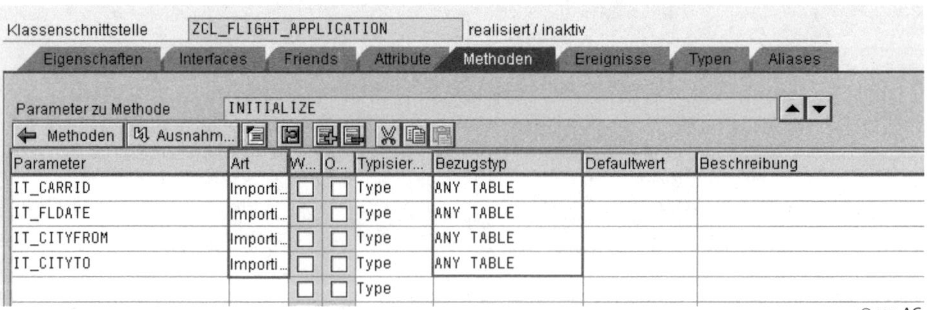

Abb. 6–29 *Tabellentypisierung der Methode INITIALIZE*

Wechseln Sie nun in den Tabreiter *Attribute* und legen Sie das statische Attribut MO_FLIGHT_BONUS an:

Wechseln Sie in den Methoden-Editor der Methode INITIALIZE und geben Sie eine Leerzeile zwischen METHOD INITIALIZE und ENDMETHOD ein. Jetzt werden wir das statische Objekt MO_FLIGHT_BONUS instanzieren. Drücken Sie in der Leiste oben den Button *Muster*:

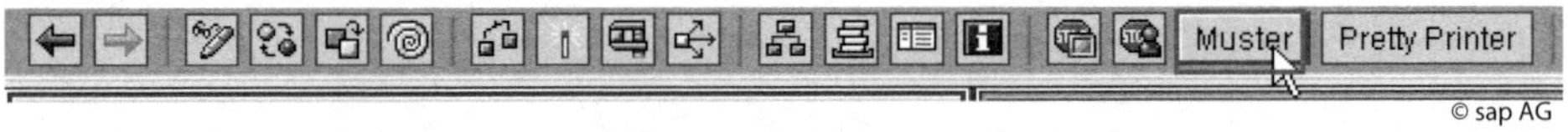

Abb. 6–30 *Abb. 6-30: Generieren von Programmcoding mittels Muster-Button*

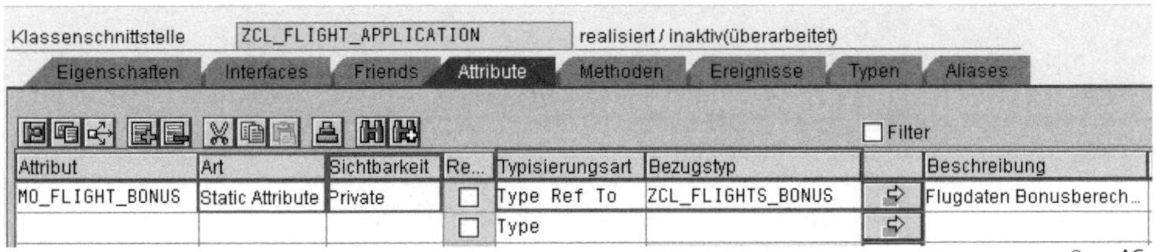

Abb. 6–31 *Abb. 6-31: Statisches Attribut MO_FLIGHT_BONUS anlegen*

Im folgenden Dialogfenster markieren Sie die Checkbox *Muster zu ABAP Objects*:

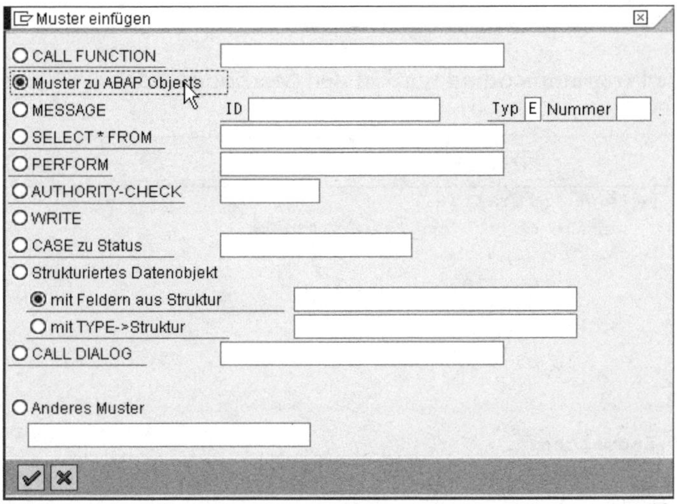

Abb. 6–32 *Programmcoding generieren durch Muster-Dialog*

Wählen Sie im folgenden Dialog dann die Checkbox *Create Object* aus und geben Sie den Instanznamen `MO_FLIGHT_BONUS` und die Klasse `ZCL_FLIGHTS_BONUS` ein. Bestätigen Sie diesen Dialog mit dem *OK*-Button:

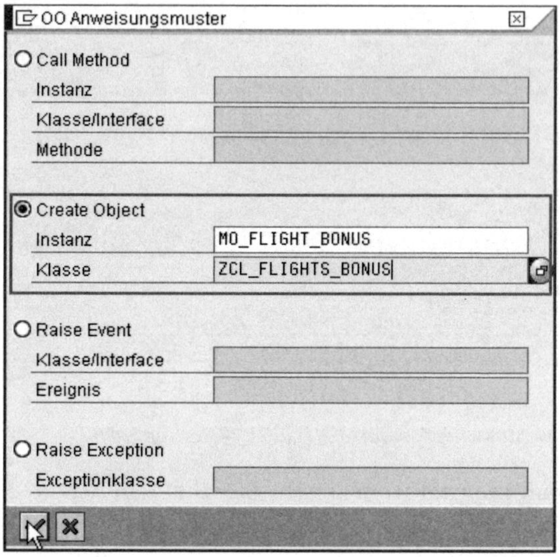

© sap AG

Abb. 6–33 *Anweisungsmuster Create Object ausführen*

Das folgende Programmcoding wird in den Methoden-Editor eingefügt:

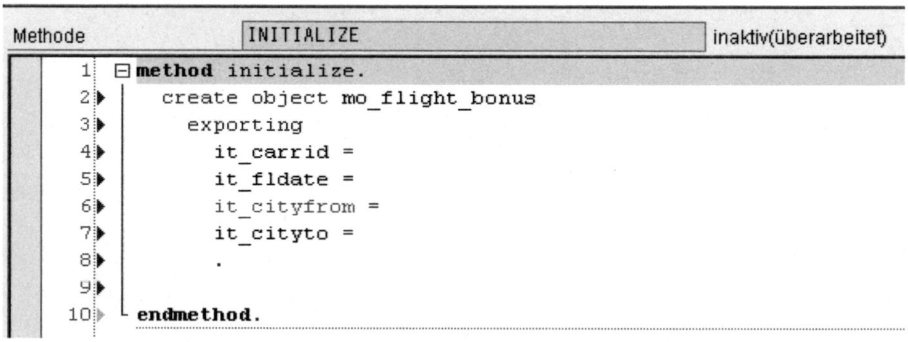

© sap AG

Abb. 6–34 *Generiertes Programmcoding zur Objekterzeugung*

Ergänzen Sie das Programmcoding, um die Methoden-Schnittstellenparameter wie im folgenden Listing zu erhalten:

Listing 6–7

```
method initialize.

  create object zcl_flight_application=>mo_flight_bonus
    exporting
      it_carrid   = it_carrid
      it_fldate   = it_fldate
      it_cityfrom = it_cityfrom
      it_cityto   = it_cityto.

endmethod.
```

Bitte beachten Sie dabei, dass auch der Name des Objekts `mo_flight_bonus` durch `ZCL_FLIGHT_APPLICATION=>MO_FLIGHT_BONUS` ersetzt wurde. Dadurch ist die Instanz beim Lesen des Programmcodings sofort als statisches Attribut der Klasse `ZCL_FLIGHT_APPLICATION` zu erkennen. Ihr Programmcoding sieht nun folgendermaßen aus:

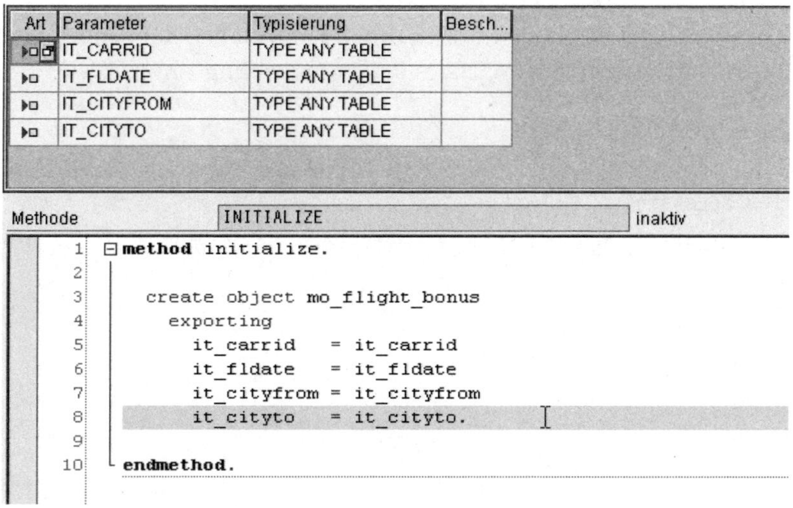

Abb. 6–35 *mo_flight_bonus Objekterzeugung*

Prüfen Sie die Syntax und aktivieren Sie die Entwicklungskomponente.

Wir haben nun das Objekt der Klasse `ZCL_FLIGHTS_BONUS` erzeugt. Es fehlt noch der Beginn der Verarbeitung. Wir könnten nun die einzelnen Methoden von `SELECTION` bis zur Methode `DISPLAY` in der Klasse `ZCL_FLIGHT_APPLICATION` aufrufen, dies würde aber bedeuten, dass, wenn sich die Ablauflogik in der aufrufenden Klasse ändert, auch diese Änderung in der Application-Klasse vollzogen werden müsste. Dies ist kein guter Programmierstil. Aus diesem Grunde werden wir eine Starter-Methode in der Klasse `ZCL_FLIGHTS_BONUS` anlegen und dort die einzelnen Methoden aufrufen, die für die Verarbeitung notwendig sind. Gehen Sie dazu in die Klasse ZCL_FLIGHTS_BONUS und fügen Sie folgende Zeile im Tabreiter *Methoden* ein, um die Aufrufer-Methode ACCESSING anzulegen.

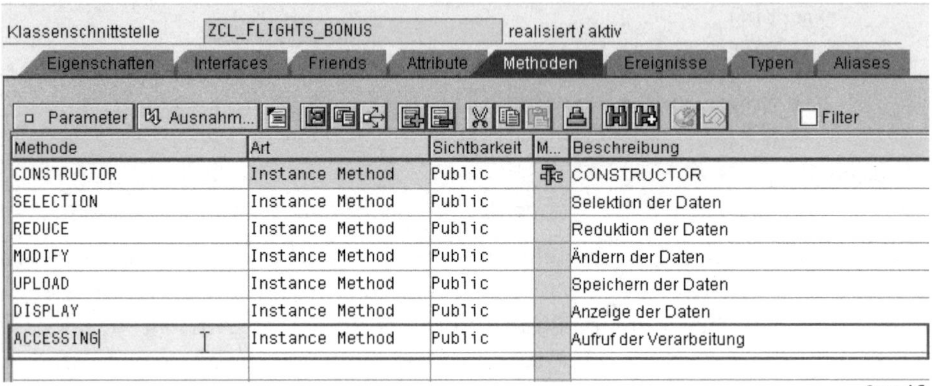

Abb. 6–36 *Aufrufer-Methode anlegen*

Navigieren Sie in den Methoden-Editor durch Doppelklick auf den Methodennamen ACCESSING und geben Sie folgendes Programmcoding ein:

Listing 6–8

```
method accessing.

  me->selection( ).
  me->reduce( ).
  me->modify( ).
  me->upload( ).
  me->display( ).

endmethod.
```

Die Methode ACCESSING führt nur die einzelnen Methoden, die zur Verarbeitung notwendig sind, aus. Sie ist eine Zwischenschicht-Methode und dient allein dazu, die relevanten Verarbeitungsschritte an einer Stelle zusammenzufassen.

Prüfen Sie das Programmcoding und aktivieren Sie Ihre Änderungen.

Gehen Sie wieder zurück in die Klasse ZCL_FLIGHT_APPLICATION und fügen Sie der Methode INITIALIZE den Aufruf der Methode ACCESSING hinzu, sodass das Programmcoding wie folgt aussieht:

Listing 6–9

```
method initialize.

 create object zcl_flight_application=>mo_flight_bonus
    exporting
      it_carrid   = it_carrid
      it_fldate   = it_fldate
      it_cityfrom = it_cityfrom
      it_cityto   = it_cityto.

 zcl_flight_application=>mo_flight_bonus->accessing( ).

endmethod.
```

Prüfen Sie die Syntax Ihrer Entwicklungskomponenten und aktivieren Sie diese.

Jetzt werden wir den Aufruf der Verarbeitung noch in den Report ZAU_DISPLAY_FLIGHT_BONUS implementieren. Gehen Sie dazu in das Programmcoding des Reports und fügen Sie folgende Zeilen ein:

Listing 6–10

```
report  zau_display_flight_bonus.
*****************************************************************
* Inline-Kurzdokumentation:
*****************************************************************
* KURZBESCHREIBUNG
*   Dieser Report stellt die Bonus-Flugdaten dar.
*****************************************************************

*---------------------------------------------------------------*
* D A T E N D E F I N I T I O N E N
*---------------------------------------------------------------*

data:
  gs_flight type zcl_flights_bonus=>ty_sflight.

*---------------------------------------------------------------*
* S E L E K T I O N S B I L D
*---------------------------------------------------------------*

select-options:
  s_car   for gs_flight-carrid,
  s_date  for gs_flight-fldate,
  s_city  for gs_flight-cityfrom,
  s_citto for gs_flight-cityto.
```

```
*----------------------------------------------------------------*
* B E G I N N   D E R   V E R A R B E I T U N G
*----------------------------------------------------------------*
start-of-selection.

 zcl_flight_application=>initialize(
      it_carrid   = s_car[]
      it_fldate   = s_date[]
      it_cityfrom = s_city[]
      it_cityto   = s_citto[] ).
```

Die statische Methode INITIALIZE bekommt die Selektionsparameter übergeben. Da die Selektionsparameter interne Tabellen mit Kopfzeile sind, muss hier explizit [] hinter den Selektionsparametern angegeben werden, was nichts anderes bedeutet, als dass der Tabellenrumpf übergeben wird.

Da wir nun über die Methoden INITIALIZE die Methode ACCESSING aufrufen, welche die eigentlichen Verarbeitungsmethoden aufruft, ist es nicht mehr notwendig, dass die Verarbeitungsmethoden den ⇨ Sichtbarkeitstyp PUBLIC besitzen. Wir ändern nun den Sichtbarkeitstyp auf PROTECTED, indem Sie in der Spalte Sichtbarkeit diesen Wert umstellen.

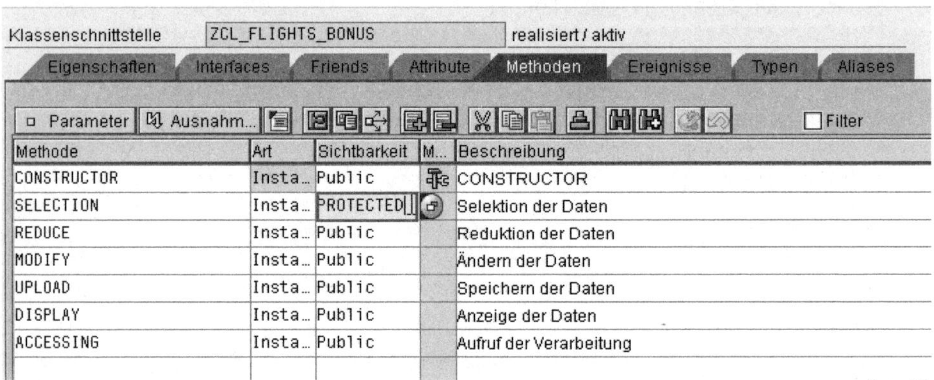

Abb. 6–37 *Sichtbarkeitsbereich auf PROTECTED ändern*

Führen Sie das Ändern für die Methoden SELECTION, REDUCE, MODIFY, UPLOAD und DISPLAY durch:

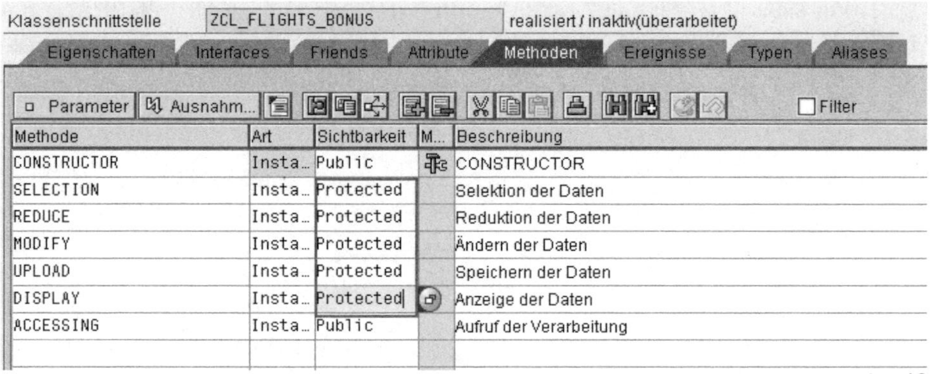

Abb. 6–38 *Sichtbarkeitsbereich der Methoden auf PROTECTED geändert*

Prüfen Sie Ihre Änderungen mit dem Button *Syntax-Prüfen* und aktivieren Sie die Klasse.

Jetzt sind wir mit der Beispielanwendung so weit, dass wir uns Gedanken machen können, ABAP Unit-Tests für die bisher erstellten Entwicklungskomponenten durchzuführen. Doch bevor wir mit den Unit-Tests ins Detail gehen, erfahren Sie in den folgenden beiden Kapiteln mehr über das Framework ABAP Unit.

6.3 Pakete & Klassen

Die Klasse `CL_AUNIT_ASSERT` ist die Klasse, die die Prüfmethoden enthält, die Sie zum Testen einsetzen können. Das Framework ABAP Unit besteht jedoch nicht nur aus dieser Klasse. Für ein tieferes Verständnis ist es daher notwendig, die wichtigsten Pakete des ABAP Unit Frameworks zu kennen. Schauen wir uns das Paket an, in der die Klasse `CL_AUNIT_ASSERT` enthalten ist:

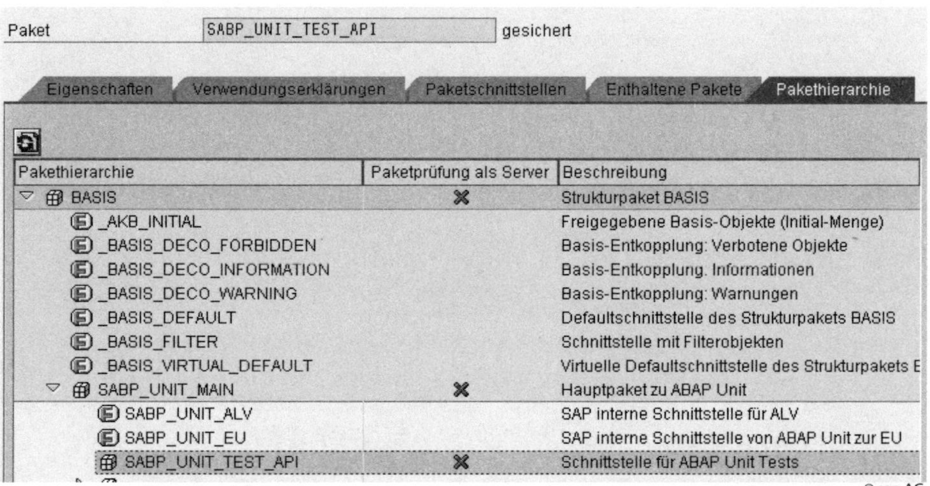

Abb. 6–39 *ABAP-Unit-Pakethierarchie*

Das Paket SABP_UNIT_TEST_API ist Bestandteil des Pakets SABP_UNIT_MAIN, das das Hauptpaket zu ABAP Unit bildet. Wenn Sie sich die Pakethierarchie dazu ansehen, stellen Sie fest, dass eine Vielzahl an diversen Paketen im Framework enthalten ist.

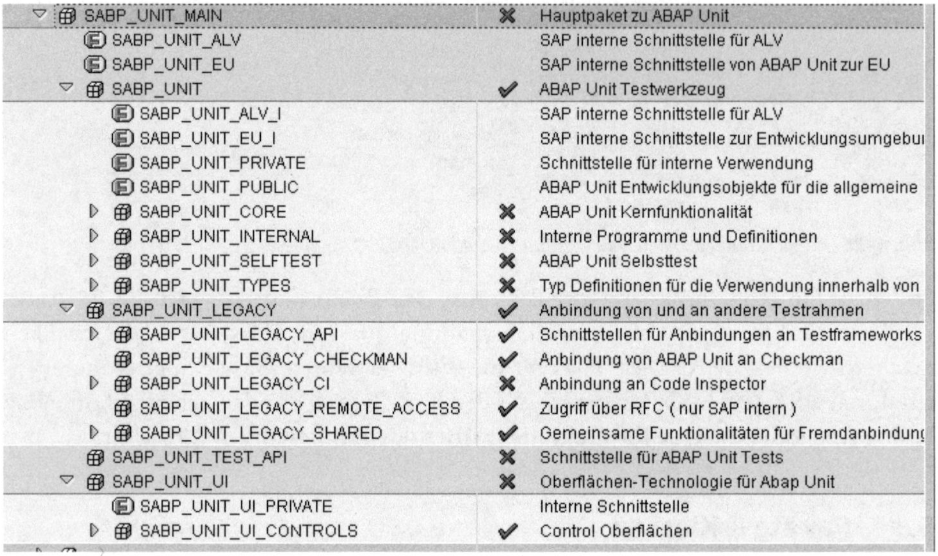

Abb. 6–40 *Hauptpaket SABP_UNIT_MAIN*

Das Kernpaket des Frameworks ist das Paket `SABP_UNIT_CORE`. Es enthält die meisten Klassen und Interfaces, die für das Funktionieren des Frameworks wichtig sind.

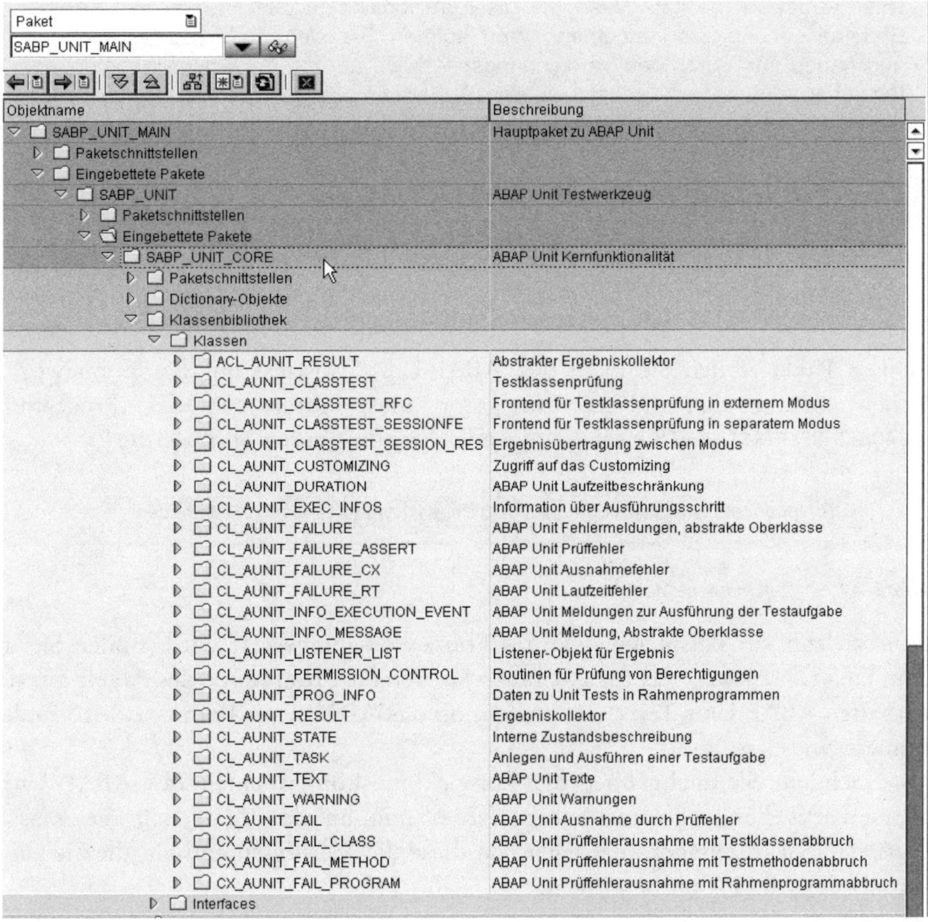

Abb. 6–41 *SABP_UNIT_CORE – ABAP Unit Kernfunktionalität*

▶ **BEST PRACTICE** --

Schauen Sie sich die enthaltenen Entwicklungskomponenten des Pakets SABP_UNIT_CORE an. Sie bekommen ein Gefühl dafür, welchen Umfang das ABAP Unit Framework besitzt. Wenn Sie die Funktionalitäten des Frameworks für Ihre Bedürfnisse anpassen möchten, dann können Sie sich die einzelnen Klassen anschauen und durch den Verwendungsnachweis auf die Entwicklungskomponenten sehen, wie diese eingesetzt werden. Außerdem erhalten Sie noch weitere Informationen, wie Sie das Framework einsetzen können.

Wichtige Klassen des Pakets SABP_UNIT_CORE sind:

- CL_AUNIT_TASK (Anlegen und Ausführen einer Testaufgabe)
- CL_AUNIT_FAILURE (Fehlermeldungen)
- CL_AUNIT_DURATION (Laufzeitbeschränkung)

In dem Paket finden Sie auch den ABAP-Unit-Selbsttest auf das Framework. Gehen Sie in den Object Navigator und führen Sie das Programm RS_AUNIT_SELFTEST aus. Sie sehen folgendes Ergebnis in der Statusleiste:

© sap AG

Abb. 6–42 *Durchlaufene Modultests*

Eine Vielzahl an Beispielen, wie das Framework eingesetzt wird, finden Sie in dem Paket SABP_UNIT_SELFTEST. Schauen Sie sich die Programme des Pakets an, sie enthalten ABAP Unit-Tests, die prüfen, ob das ABAP Unit Framework so funktioniert, wie es sollte.

Nachdem Sie mehr über die Entwicklungskomponenten des ABAP Unit Frameworks kennengelernt haben, ist es nun an der Zeit, sich die Klasse CL_AUNIT_ASSERT genauer anzusehen, da diese die Methoden enthält, die Sie zum Einsatz des ABAP Unit benötigen.

6.4 Methoden der Klasse CL_AUNIT_ASSERT

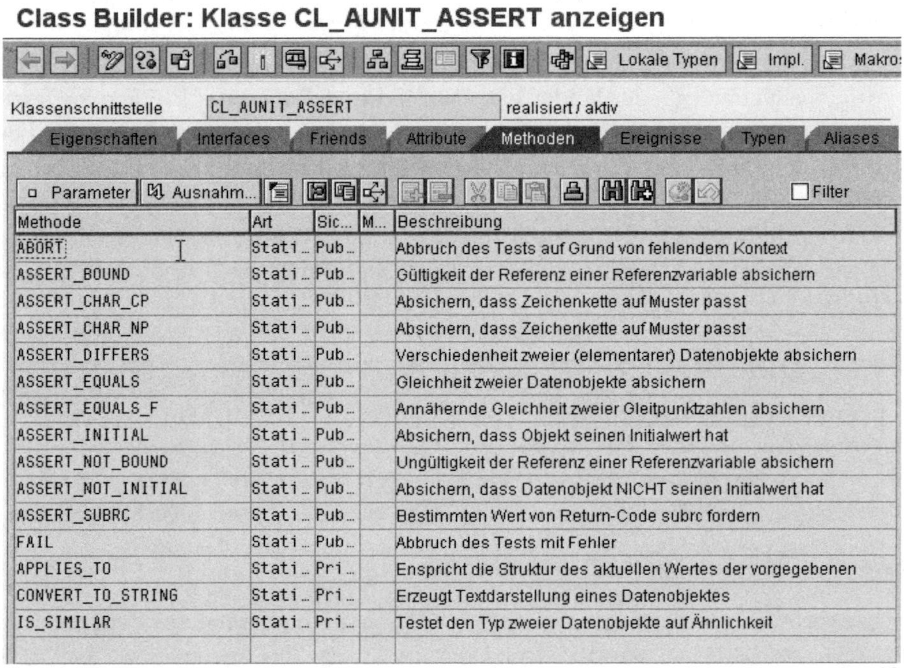
Class Builder: Klasse CL_AUNIT_ASSERT anzeigen

Klassenschnittstelle CL_AUNIT_ASSERT realisiert / aktiv

Methode	Art	Sic...	M...	Beschreibung
ABORT	Stati...	Pub...		Abbruch des Tests auf Grund von fehlendem Kontext
ASSERT_BOUND	Stati...	Pub...		Gültigkeit der Referenz einer Referenzvariable absichern
ASSERT_CHAR_CP	Stati...	Pub...		Absichern, dass Zeichenkette auf Muster passt
ASSERT_CHAR_NP	Stati...	Pub...		Absichern, dass Zeichenkette auf Muster passt
ASSERT_DIFFERS	Stati...	Pub...		Verschiedenheit zweier (elementarer) Datenobjekte absichern
ASSERT_EQUALS	Stati...	Pub...		Gleichheit zweier Datenobjekte absichern
ASSERT_EQUALS_F	Stati...	Pub...		Annähernde Gleichheit zweier Gleitpunktzahlen absichern
ASSERT_INITIAL	Stati...	Pub...		Absichern, dass Objekt seinen Initialwert hat
ASSERT_NOT_BOUND	Stati...	Pub...		Ungültigkeit der Referenz einer Referenzvariable absichern
ASSERT_NOT_INITIAL	Stati...	Pub...		Absichern, dass Datenobjekt NICHT seinen Initialwert hat
ASSERT_SUBRC	Stati...	Pub...		Bestimmten Wert von Return-Code subrc fordern
FAIL	Stati...	Pub...		Abbruch des Tests mit Fehler
APPLIES_TO	Stati...	Pri...		Enspricht die Struktur des aktuellen Wertes der vorgegebenen
CONVERT_TO_STRING	Stati...	Pri...		Erzeugt Textdarstellung eines Datenobjektes
IS_SIMILAR	Stati...	Pri...		Testet den Typ zweier Datenobjekte auf Ähnlichkeit

Abb. 6–43 *Klasse CL_AUNIT_ASSERT*

Die Klasse CL_AUNIT_ASSERT enthält 15 Methoden. Davon sind 12 Methoden öffentlich und können außerhalb der Klasse genutzt werden.

Diese statischen Methoden können Sie für Ihre Tests nutzen. Sie sind relevant, wenn die Laufzeitumgebung die ABAP Unit-Tests durchführt. Wenn diese Methoden einen Fehler liefern, dann wird dieser als Testfehler interpretiert und erscheint in der Ergebnisanzeige der ABAP-Unit-Testausführung. Die Parameterschnittstelle der Methoden sieht immer gleich aus. Schauen wir uns die Parameter einzeln an, die in den zur Verfügung gestellten Methoden vorkommen:

- EXP: Ist der erwartete Testwert, der gegen den Parameter ACT geprüft wird. Dieser Wert entspricht dem Soll-Wert beim Testfallaufbau.
- ACT: Ist der aktuelle Wert der Prüfsituation. Dieser Wert ist überwiegend vom Typ ANY. Er entspricht dem Ist-Wert beim Testfallaufbau.
- MSG: Ist der Nachrichtenparameter. Hier hat der Entwickler die Möglichkeit, einen Nachrichtentext einzugeben, der dann bei einem Fehler vom ABAP Unit Framework ausgegeben wird. Dieser Parameter ist optional, sollte aber beim

Erstellen von Unit-Tests stets verwendet werden, da es zum guten Programmierstil gehört, eine sinnvolle Nachricht zum aufgetretenen Fehler anzuzeigen.

- LEVEL: Mit dem LEVEL-Parameter können Sie steuern, welche Wichtigkeit (Priorität) ein eingetretener Fehler hat. Durch diesen Parameter können Sie festlegen, in welche Kategorie der Fehler des Unit-Tests eingestuft wird. Er dient dazu, den Unit-Test weiter zu strukturieren und bei der Ergebnisanzeige des ABAP Unit-Tests sofort zu erkennen, wie viele Fehler je Kategorie (Wichtigkeit) enthalten sind. Die möglichen Werte des Parameters finden Sie in der Data-Dictionary-Domäne AUNIT_LEVEL (Einstufungsgrad eines ABAP-Unit-Prüffehlers):

Einzelwerte

Festwert	Kurzbeschreibung
0	Tolerierbare Meldung
1	Kritischer Fehler
2	Fataler Fehler

Abb. 6–44 *Einzelwerte des AUNIT_LEVEL-Parameters*

Diese Werte sind in der Klasse CL_AUNIT_ASSERT als Konstanten aus dem Interface IF_AUNIT_CONSTANTS vorhanden. Der Defaultwert des Parameters LEVEL ist CRITICAL.

Sie können die Konstanten:

- TOLERABLE – Warnungsgrad tolerierbar
- CRITICAL – (Default) Warnungsgrad kritisch
- FATAL – Warnungsgrad fatal

nutzen.

- QUIT: Der Parameter steuert den weiteren Testablauf beim Durchführen von ABAP Unit-Tests. Durch diesen Parameter können Sie festlegen, ob weitere Unit-Tests durchgeführt werden und, wenn ja, auf welcher Ebene die Tests durchgeführt bzw. beendet werden. Die möglichen Werte des Parameters finden Sie in der Data-Dictionary-Domäne AUNIT_FLOWCTRL (Flusskontrolle im Fehlerfall):

Einzelwerte	
Festwert	Kurzbeschreibung
0	Test nicht verlassen.
1	Testmethode abbrechen.
2	Testklasse abbrechen.
3	Tests des Rahmenprogramms abbrechen.

Abb. 6–45 *Einzelwerte des AUNIT_FLOWCTRL-Parameters*

Diese Werte sind in der Klasse CL_AUNIT_ASSERT als Konstanten aus dem Interface IF_AUNIT_CONSTANTS vorhanden. Der Defaultwert des Parameters QUIT ist METHOD.

Sie können die folgenden Konstanten nutzen

- NO – Kein Abbruch im Fehlerfall, die aktuelle Methode wird nach Aufruf der betreffenden Methode fortgesetzt.
- METHOD – (Default) Die aktuell bearbeitete Testmethode wird abgebrochen
- CLASS – Die aktuell bearbeitete Testklasse wird abgebrochen
- PROGRAM – Der Test des aktuell bearbeiteten Rahmenprogramms wird abgebrochen: Die aktuelle Testklasse wird abgebrochen, und alle weiteren Testklassen des Programms werden ignoriert.

- TOL
  - Der Parameter TOL ist vom Typ f und erlaubt den Vergleich von Fließpunktzahlen auf die übergebene Toleranz durchzuführen. Dieser Parameter wird in den Methoden ASSERT_DIFFERS und ASSERT_EQUALS verwendet.
- DETAIL
  - Der Parameter DETAIL ist vom Typ CSEQUENCE und erlaubt eine weitere detailliertere Nachricht auszugeben. Er wird nur in der Methode FAIL verwendet.

Hier der Überblick über die ABAP-Unit-Methoden und deren verwendete Parameter:

	Parameter						
Methoden	**EXP**	**ACT**	**MSG**	**LEVEL**	**TOL**	**QUIT**	**DETAIL**
ABORT			x			x	x
ASSERT_BOUND		x	x	x		x	
ASSERT_CHAR_CP	x	x	x	x		x	
ASSERT_CHAR_NP	x	x	x	x		x	
ASSERT_DIFFERS	x	x	x	x	x	x	
ASSERT_EQUALS	x	x	x	x	x	x	
ASSERT_EQUALS_F	x	x	x	x	x	x	→

	Parameter						
ASSERT_INITIAL		x	x	x		x	
ASSERT_NOT_BOUND		x	x	x		x	
ASSERT_NOT_INITIAL		x	x	x		x	
ASSERT_SUBRC	x	x	x	x		x	
FAIL			x	x		x	x

Muss-Parameter

Optional-Parameter

Tab. 6–1 *Tabelle 6-1: Testmethoden und Parameterverwendung*

Schauen wir uns nun im Detail die einzelnen ABAP-Unit-Methoden an.

ABORT

- Funktion:
  Unbedingter Fehler, wird z.B. genutzt, um sicherzustellen, dass bestimmte Kontrollzweige nicht betreten werden.
- Muss-Parameter:
  Keine
- Optionale Parameter und Defaultwerte:
  `MSG` TYPE `CSEQUENCE`
  `DETAIL` TYPE `CSEQUENCE`
  `QUIT` TYPE `AUNIT_FLOWCTRL VALUE`[2]`: CL_AUNIT_ASSERT=>CLASS`

ASSERT_BOUND

- Funktion:
  Prüft die Gültigkeit der Referenz einer Referenzvariable, indem sie die ABAP-Eigenschaft `IS BOUND` testet
- Muss-Parameter:
  `ACT` TYPE `ANY`
- Optionale Parameter und Defaultwerte:
  `MSG` TYPE `CSEQUENCE`
  `LEVEL` TYPE `AUNIT_LEVEL` VALUE: `CRITICAL`
  `QUIT` TYPE `AUNIT_FLOWCTRL` VALUE: `METHOD`

2. VALUE gibt den Defaultwert des Parameters an.

ASSERT_CHAR_CP

- Funktion:
  Prüft, dass Zeichenkette im Muster enthalten ist
- Muss-Parameter:
  `ACT` TYPE `CSEQUENCE`
  `EXP` TYPE `CSEQUENCE`
- Optionale Parameter und Defaultwerte:
  `MSG` TYPE `CSEQUENCE`
  `LEVEL` TYPE `AUNIT_LEVEL` VALUE: `CRITICAL`
  `QUIT` TYPE `AUNIT_FLOWCTRL` VALUE: `METHOD`

ASSERT_CHAR_NP

- Funktion:
  Prüft, dass Zeichenkette nicht im Muster enthalten ist
- Muss-Parameter:
  `ACT` TYPE `CSEQUENCE`
  `EXP` TYPE `CSEQUENCE`
- Optionale Parameter und Defaultwerte:
  `MSG` TYPE `CSEQUENCE`
  `LEVEL` TYPE `AUNIT_LEVEL` VALUE: `CRITICAL`
  `QUIT` TYPE `AUNIT_FLOWCTRL` VALUE: `METHOD`

ASSERT_DIFFERS

- Funktion:
  Prüft die Ungleichheit zweier elementarer Datenobjekte
- Muss-Parameter:
  `ACT` TYPE `SIMPLE`
  `EXP` TYPE `SIMPLE`
- Optionale Parameter und Defaultwerte:
  `MSG` TYPE `CSEQUENCE`
  `LEVEL` TYPE `AUNIT_LEVEL` VALUE: `CRITICAL`
  `TOL` TYPE `F`
  `QUIT` TYPE `AUNIT_FLOWCTRL` VALUE: `METHOD`

ASSERT_EQUALS

- Funktion:
  Prüft die Annahme, ob zwei Objekte gleich sind. Die Objekte müssen einen vergleichbaren Typ besitzen. Es wird ein tiefer Vergleich durchgeführt, das

heißt, Tabellen und Strukturen (auch geschachtelt) werden auf Inhalt ihrer Komponenten geprüft.

- Muss-Parameter:
  ACT TYPE ANY
  EXP TYPE ANY
- Optionale Parameter und Defaultwerte:
  MSG TYPE CSEQUENCE
  LEVEL TYPE AUNIT_LEVEL VALUE: CRITICAL
  TOL TYPE F
  QUIT TYPE AUNIT_FLOWCTRL VALUE: METHOD
  IGNORE_HASH_SEQUENCE TYPE ABAP_BOOL VALUE: ABAP_FALSE

ASSERT_EQUALS_F

- Funktion:
  Prüft die Annahme, ob zwei Objekte (in diesem Fall annähernde Gleichheit zweier Gleitpunktzahlen absichern) gleich sind. Die Objekte müssen einen vergleichbaren Typ besitzen. Es wird ein tiefer Vergleich durchgeführt, das heißt, Tabellen und Strukturen (auch geschachtelt) werden auf Inhalt ihrer Komponenten geprüft.
- Muss-Parameter:
  ACT TYPE FLOAT
  EXP TYPE FLOAT
- Optionale Parameter und Defaultwerte:
  MSG TYPE CSEQUENCE
  RTOL TYPE F VALUE: CL_AUNIT_ASSERT=>RTOL_DEFAULT
  LEVEL TYPE AUNIT_LEVEL VALUE: CRITICAL
  QUIT TYPE AUNIT_FLOWCTRL VALUE: METHOD

ASSERT_INITIAL

- Funktion:
  Prüft das Objekt auf seinen Initialwert, indem sie die ABAP-Eigenschaft IS INITIAL testet
- Muss-Parameter:
  ACT TYPE ANY
- Optionale Parameter und Defaultwerte:
  MSG TYPE CSEQUENCE
  LEVEL TYPE AUNIT_LEVEL VALUE: CRITICAL
  QUIT TYPE AUNIT_FLOWCTRL VALUE: METHOD

ASSERT_NOT_BOUND

- Funktion:
  Prüft die Ungültigkeit der Referenz einer Referenzvariable, indem sie die ABAP-Eigenschaft `IS NOT BOUND` testet
- Muss-Parameter:
  `ACT` TYPE `ANY`
- Optionale Parameter und Defaultwerte:
  `MSG` TYPE `CSEQUENCE`
  `LEVEL` TYPE `AUNIT_LEVEL` VALUE: `CRITICAL`
  `QUIT` TYPE `AUNIT_FLOWCTRL` VALUE: `METHOD`

ASSERT_NOT_INITIAL

- Funktion:
  Prüft das Objekt auf seinen Initialwert, indem sie die ABAP-Eigenschaft `IS NOT INITIAL` testet.
- Muss-Parameter:
  `ACT` TYPE `ANY`
- Optionale Parameter und Defaultwerte:
  `MSG` TYPE `CSEQUENCE`
  `LEVEL` TYPE `AUNIT_LEVEL` VALUE: `CRITICAL`
  `QUIT` TYPE `AUNIT_FLOWCTRL` VALUE: `METHOD`

ASSERT_SUBRC

- Funktion:
  Prüft die Annahme, ob zwei Objekte gleich sind. Die Objekte müssen einen vergleichbaren Typ besitzen. Es wird ein tiefer Vergleich durchgeführt, das heißt, Tabellen und Strukturen (auch geschachtelt) werden auf Inhalt ihrer Komponenten geprüft.
- Muss-Parameter:
  `ACT` TYPE `SYSUBRC`
  `EXP` TYPE `SYSUBRC VALUE: 0`
- Optionale Parameter und Defaultwerte:
  `MSG` TYPE `CSEQUENCE`
  `LEVEL` TYPE `AUNIT_LEVEL VALUE: CRITICAL`
  `QUIT` TYPE `AUNIT_FLOWCTRL VALUE: METHOD`

FAIL

- Funktion:
  Unbedingter Fehler, wird z.B. genutzt, um sicherzustellen, dass bestimmte Kontrollzweige nicht betreten werden
- Muss-Parameter:
  Keine
- Optionale Parameter und Defaultwerte:
  `MSG` TYPE `CSEQUENCE`
  `LEVEL` TYPE `AUNIT_LEVEL VALUE: CRITICAL`
  `QUIT` TYPE `AUNIT_FLOWCTRL VALUE: METHOD`
  `DETAIL` TYPE `CSEQUENCE`

Nun kennen Sie die einzelnen Methoden inklusive Schnittstellenparameter. Deren Kenntnis ist für Sie die Basis, um das Framework ABAP Unit erfolgreich einzusetzen. Je nach geplantem Testfall ist die eine oder andere Prüfmethode sinnvoller. Bevor wir uns nun daranmachen, Unit-Tests für unsere Beispielanwendung zu implementieren, erhalten Sie noch einen Überblick, wie Sie ABAP Unit-Tests überhaupt ausführen.

6.5 Durchführen von ABAP Unit-Tests

Es gibt diverse Möglichkeiten, wo Sie ABAP Unit-Tests ausführen können. Die Programmtypen, die eine Implementierung von ABAP Unit erlauben, stellen in der jeweiligen Entwicklungsumgebung auch das Ausführen der Tests zur Verfügung.

Tool / Transaktion	Tool-Sicht	Menüpfad / Tastaturkürzel
ABAP Editor (SE38)	Start-Bildschirm	Programm -> Ausführen -> Modultest CTRL + Shift + F10
	Nach Aufruf	Programm -> Testen -> Modultest CTRL + Shift + F10
Function Builder (SE37)	Start-Bildschirm	Funktionsbaustein -> Testen -> Modultest CTRL + Shift + F10
	Nach Aufruf	Funktionsbaustein -> Testen -> Modultest CTRL + Shift + F10 →

Tool / Transaktion	Tool-Sicht	Menüpfad / Tastaturkürzel
Class Builder (SE24)	Start-Bildschirm	Objektyp -> Modultest
	Nach Aufruf	Klasse -> Modultest
	In einer Methode	Methode -> Modultest
	Public/Protected/ Private Section	Public/Protected/Private Section -> Modultest
	Klassenlokale Typen	Lokale Klassendefinitionen -> Modultest
		Lokale Klassenimplementierungen -> Modultest
		Makros -> Modultest
Object Navigator (SE80)	Kontextmenü der verschiedenen Programmtypen	Ausführen -> Modultest

Tab. 6–2 *Ausführungsmöglichkeiten von ABAP Unit*

Nach der Ausführung der ABAP Unit-Tests gibt es 3 mögliche Ergebnisse:

- Programmtyp enthält keine Unit-Tests.

© sap AG

Abb. 6–46 *Statusausgabe Programmtyp enthält keine Unit-Tests*

- Programmtyp enthält Unit-Tests, und diese sind ohne Fehler durchgelaufen.

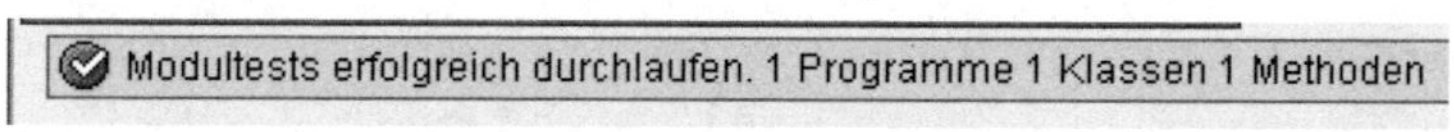

© sap AG

Abb. 6–47 *Statusausgabe, dass Unit-Tests ohne Fehler sind*

- Programmtyp enthält Unit-Tests, und diese liefern einen Fehlerzustand.

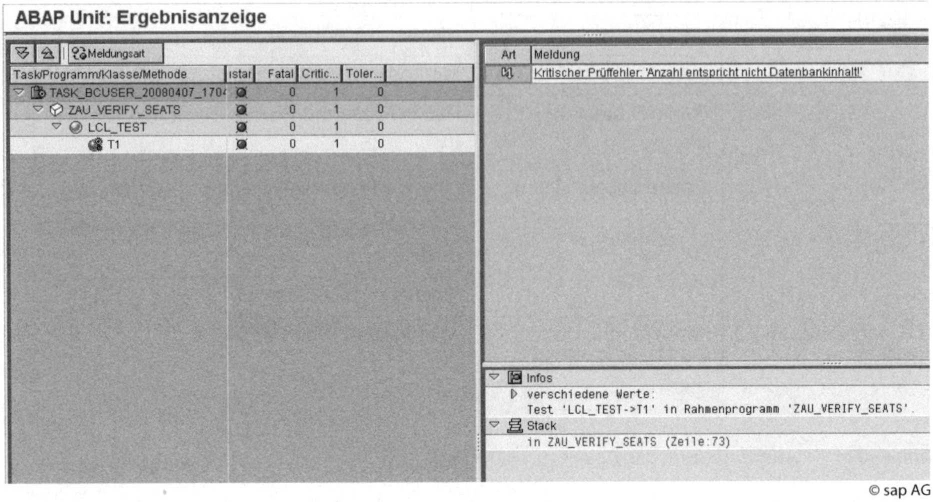

Abb. 6–48 *Ausgabe, dass Unit-Tests Fehlerzustand liefern*

Die Ergebnisanzeige zeigt Ihnen auf der linken Seite die durchgeführten Unit-Tests an. Die rechte obere Seite zeigt Ihnen die Art der Ausnahme an und den Meldungstext, den Sie dem Parameter MSG mitgegeben haben. Die rechte untere Seite enthält Details zum Test wie die Information, wo der Unit-Test einen Fehler liefert, und die Inhalte der Prüfparameter `ACT` und `EXP`. Durch Auswahl einer Zeile, die sich unter dem Baumknoten-Stack befindet, wird im ABAP Editor zu der Zeile navigiert, wo der Fehler auftrat.

Testausnahmen

ABAP Unit-Tests können vier Arten von Testausnahmen ausgeben:

- Assertion Error
  Eine Prüfmethode liefert ein unerwartetes Verhalten, beispielsweise sind die Verarbeitungsparameter `ACT` und `EXP` unterschiedlich.
- Exception Error
  In der Testmethode wurde eine klassenbasierte Exception ausgelöst, ohne dass diese behandelt wurde.
- Runtime Error
  Beim Ausführen der Testmethode trat ein Laufzeitfehler auf (ist nur bei der Batch-Verarbeitung möglich).
- Warning
  In diesem Fall ist das Testcoding in Ordnung. Diese Testausnahme wird ausgegeben, wenn eine nicht korrekte Nutzung des ABAP Unit Frameworks vorliegt.

6.6 ABAP Unit im Einsatz

Mit dem geballten Wissen um die Prüfmethoden der Klasse `CL_AUNIT_ASSERT` sind wir nun bestens gerüstet, Unit-Tests zu implementieren. Die Beispielanwendung wurde gemäß Anforderung umgesetzt, und es ist an der Zeit, sich Gedanken zu machen, welche Unit-Tests erstellt werden sollen. Im Grunde genommen gibt es zwei Herangehensweisen, um Unit-Tests zu erstellen:

- das unsystematische Testen und
- das systematische Herleiten von Tests

Die Praxis beim Einsatz von Unit-Tests verwendet beide Methoden. Das Ziel der Tests ist die Prüfung der aktuellen Software – ob systematisch oder unsystematisch, spielt auf den ersten Blick keine Rolle, sodass beide Methoden eingesetzt werden. Leider ist das Verhältnis zu den Methoden nicht so, wie es ein Softwaretester sich wünschen würde. Ich habe dutzende Entwicklerkollegen gesehen, die zwar das Unit Testing einsetzen, aber im Grunde genommen eine sehr geringe Testabdeckung erreichen. Mit den Grundlagen aus Kapitel 2 (Testing komprimiert) haben wir sehr gute Ansätze, um eine hohe Testabdeckung zu erreichen und anhand des systematischen Testens die wichtigen Testfälle zu erarbeiten.

PEP-Testprozess

Jede Teststufe durchläuft den grundlegenden Testprozess (siehe Seite 81), was wir hier ebenfalls umsetzen werden.

Wir werden den Testprozess in einer abgespeckten Version benutzen, die die wichtigsten Testphasen enthält:.

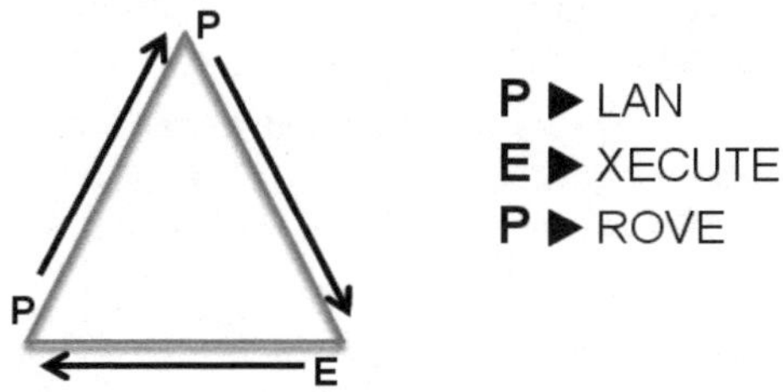

Abb. 6–49 PEP-Testprozess

Für die Unit-Tests gehen wir nach dem von mir genutzten PEP-Verfahren vor. Es stellt für mich eine einfache Form dar, die Unit-Tests einzusetzen, indem zuerst geplant wird, welche Tests sinnvoll sind (PLAN), mit welchen Mitteln diese ausgeführt werden (EXECUTE) und wie das Testergebnis zu diesen Tests aussehen sollte (PROVE). Der PEP-Testprozess ist als agile Methode zu betrachten. Die Dokumentation des Prozesses ist frei wählbar, was bedeuten soll, sie kann in

Textdokumenten oder direkt in den Testmethoden als Kommentar oder gar nicht festgehalten werden. Wichtig ist alleine, dass Sie sich Gedanken über das Erstellen der Unit-Tests machen und dass Sie in irgendeiner Form dokumentieren, was Sie erstellen und was Sie nach der Durchführung des Tests erwarten.

Dann legen wir also mit dem PEP-Testprozess los:

- PLAN:
  Die Anwendung kann bisher Daten anhand von Selektionsparametern selektieren und diese anzeigen. Wie Sie im Kapitel *Testing komprimiert* (siehe Seite 45) gelernt haben, sind Fehlerzustände häufig bei den Grenzwerten von Parametern zu finden. Wir werden uns daher erst einmal mit den Schnittstellenparametern beschäftigen. Zuerst prüfen wir, ob die Schnittstellenparameter wie gewünscht gefüllt werden (Testfall-1, im Folgenden mit TF1 abgekürzt).
- EXECUTE:
  Die Ausführung erfolgt durch die Prüfmethode `ASSERT_EQUAL`.
- PROVE:
  Das Ergebnis der Prüfmethode sollte nach Übergabe der Selektionsparameter so sein, dass die Attribute der Klasse ZCL_FLIGHTS_BONUS gefüllt sind.

The Three Amigos: Mr. Good, Mr. Bad and Mr. Pragmatic

Mr. Bad: Wieso werden denn so offensichtliche Dinge getestet, das ist doch absolut unnötig, da dies ja überhaupt keine komplizierten Anweisungen überprüft?

Mr. Good: Testen ist ein methodischer Prozess und dient dem Nachweis der korrekten Umsetzung der Anforderungen, und eine Anforderung war, dass die Selektionsparameter in der Verarbeitungsklasse vorgehalten werden und nicht ständig über die Methodenparameter übergeben werden; aus diesem Grund muss auch diese banale Anforderung getestet werden.

Mr. Bad: Ich verstehe schon, dass dies Bestandteil der Anforderung ist, aber dass selbst so einfache Anweisungen überprüft werden müssen, halte ich für unnötig, außerdem sollen wir uns ja nur die relevanten Testfälle als Unit-Tests implementieren.

Mr. Pragmatic: Leider passieren Fehler auch in den einfachsten Anweisungen, da dort der Entwickler vieles für selbstverständlich und einfach hält und somit auch dort fehlerhaft programmiert. Dies ist völlig normal, da auch Programmierer nur Menschen sind, und Menschen machen Fehler. Aus diesem Grund sind häufig die einfachen Ergebnisse zu überprüfen, da aus der Erfahrung dort auch Fehler zu finden sind. Es ist nicht das Ziel, dass alles ausgetestet wird. Es ist einfach die Erfahrung der Softwaretester die besagt, dass gerade die einfachen Anweisungen potenzielle Fehlerquellen sein können.

ABAP Unit-Tests sind nur in lokalen Klassen implementierbar. Wir werden die ABAP Unit-Tests daher in der Klasse `ZCL_FLIGHTS_BONUS` als lokale Testklassen implementieren. Dazu werden wir den Testklassen-Wizard für globale Klassen nutzen. Der Vorteil der Implementierung des Testcodings in die globale Klasse ist, dass Sie den Testklassen-Wizard nutzen können. Dieser legt für Sie automatisch eine Testklasse mit einem Grundgerüst an Prüfmethoden an. Gehen Sie in den Object Navigator und rufen Sie die Klasse `ZCL_FLIGHTS_BONUS` auf.

Wechseln Sie in den *Ändern*-Modus der Klasse. Gehen Sie in das Menü *Hilfsmittel* und wählen Sie den Punkt *Testklassengenerierung* aus:

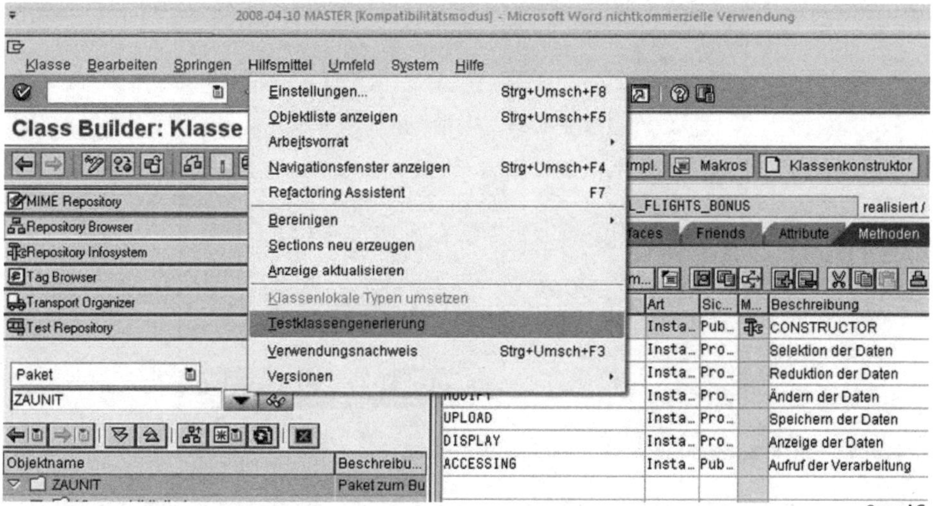

Abb. 6–50 *Testklassengenerierung im Class Builder*

Im folgenden Dialog sehen Sie weitere Eingabemöglichkeiten:

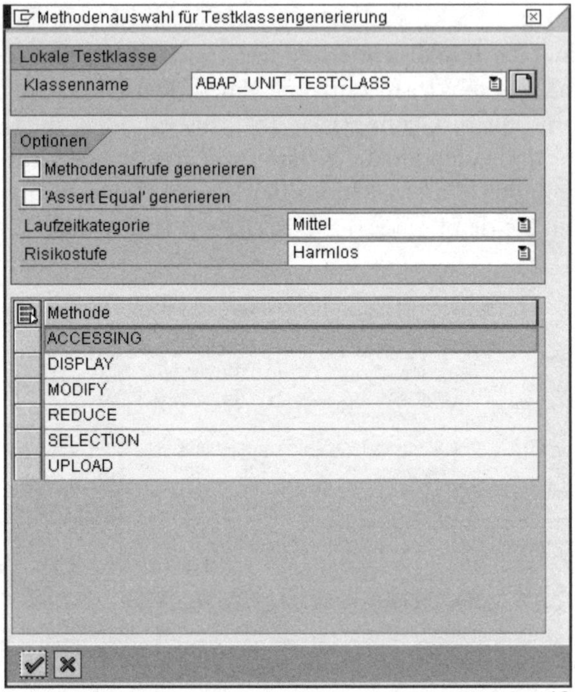

© sap AG

Abb. 6–51 *Methodenauswahl für Testklassengenerierung*

Der Testklassen-Wizard stellt Ihnen folgende Möglichkeiten zur Verfügung:

- Methodenaufrufe generieren
- »ASSERT EQUAL« generieren
- Laufzeitkategorie einstellen
- Risikostufe einstellen
- Methoden der globalen Klasse auswählen, um durch den Testklassen-Wizard Testmethoden zu generieren.

Bevor wir weiter fortfahren, schauen wir uns erst einmal die ABAP-Unit-Test-Attribute *Laufzeitkategorie* und *Risikostufe* an. Beide Attribute können Sie sowohl in globalen Testklassen wie in lokalen Klassen definieren. Leider müssen Sie bei der Definition in lokalen Klassen beachten, dass Sie dies nur über ⇨ Pseudokommentare `"#AU Duration` oder `"AU Risk_level` bei der Klassendefinition machen können. Bitte beachten Sie dabei die Groß- und Kleinschreibung der Pseudokommentare, da sonst bei der Durchführung von ABAP Unit-Tests unerwartete Nebeneffekte entstehen können.

Laufzeitkategorie

Die *Laufzeitkategorie* gibt die mögliche Dauer aller ABAP Unit-Tests der Testklasse an. Es gibt die drei möglichen Einstellungen:

- kurze Dauer (Pseudokommentar: `"#AU Duration Short`), erwartete Laufzeit kleiner 1 Minute
- mittlere Dauer (Pseudokommentar: `"#AU Duration Medium`), erwartete Laufzeit zwischen 1 Minute und 10 Minuten
- lange Dauer (Pseudokommentar: `"#AU Duration Long`), erwartete Laufzeit zwischen 10 Minuten und 60 Minuten

Die *Laufzeitkategorie* dient dazu, dass Endlosschleifen und sehr lange Laufzeiten beim Durchführen der ABAP Unit-Tests vermieden werden. Damit Sie die obigen Default-Einstellungen für Ihr SAP-System anpassen können, gibt es die Transaktion `SAUNIT_CLIENT_SETUP`. Nach Aufruf der Transaktion können Sie die Zeiten im Abschnitt *Applikations Server* an Ihre Testbedürfnisse anpassen. Beachten Sie dabei, dass die Zeitangaben in Sekunden sind:

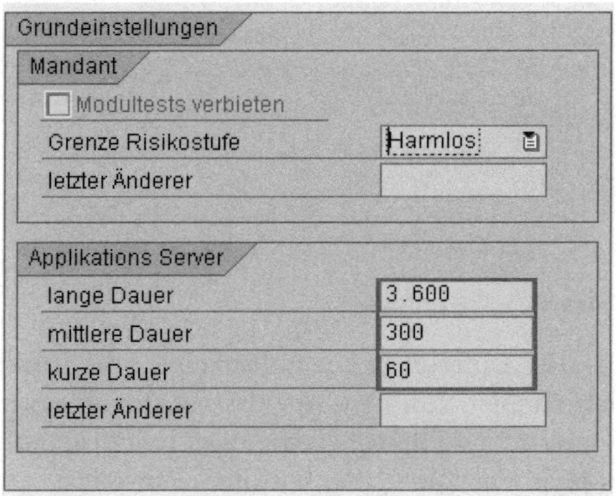

© sap AG

Abb. 6–52 *Grundeinstellungen beim Applikations Server*

Risikostufe

Die Risikostufe beschreibt, welche Auswirkung die Ausführung des Tests auf die Datensicherheit des Systems haben kann. In lokalen Klassen wird die Risikostufe mit dem Pseudokommentar `"#AU Risk_Level` definiert. Folgende drei Einstellungen sind möglich:

- Kritisch (Pseudokommentar: `"AU Risk_level Critical`)
  Der Test ändert beispielsweise Systemeinstellungen oder das Customizing.
- Gefährlich (Pseudokommentar: `"AU Risk_level Dangerous`)
  Der Test ändert beispielsweise persistente Anwendungsdaten.
- Unbedenklich (Pseudokommentar: `"AU Risk_level Harmless`)
  Der Test hat keinen Einfluss auf persistente Daten oder Systemeinstellungen.

Bei der Testausführung ist die maximale Risikostufe festgelegt, für die Tests ausgeführt werden. Diese Festlegung erfolgt wie für die Laufzeitkategorie durch die Transaktion `SAUNIT_CLIENT_SETUP`. Nach Aufruf der Transaktion können Sie im Abschnitt *Mandant* Anpassungen zur Risikostufe vornehmen:

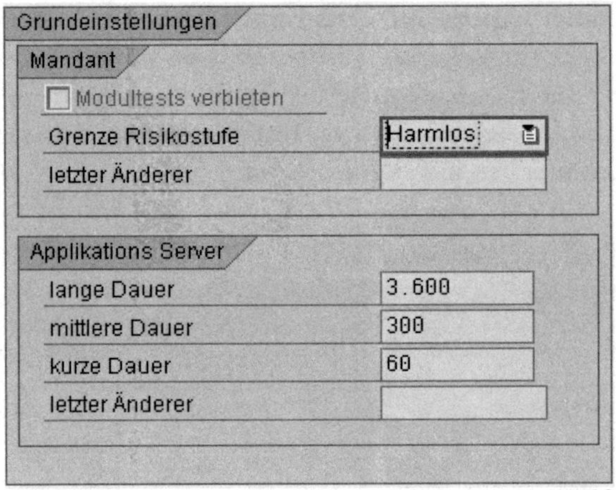

Abb. 6–53 *Grundeinstellungen zur Risikostufe*

Bitte beachten Sie, dass Unterklassen von Testklassen die Risikostufe der Oberklasse nur erhöhen können, z.B. von `Harmless` auf `Dangerous`. Eine Senkung der Risikostufe wird ignoriert und führt bei der Testdurchführung zu einer Warnung. Besitzt eine Oberklasse eine falsche Risikostufe, dann vererbt sich dieser Mangel auf ihre Unterklassen und wird beim ABAP Unit-Test als Warnung ausgegeben.

Die Testattribute *Risikostufe* und *Laufzeitkategorie* dienen beim Automatisieren von ABAP Unit-Tests mittels des *Code Inspectors* (Transaktion `SCI`) auch zum Einschränken der ABAP Unit-Tests, die durchgeführt werden sollen. Sie können durch die Vergabe der Testattribute eine weitere Unterteilung vornehmen und somit die Tests zu Kategorien bündeln. Nähere Informationen dazu unter »Integration in den Code Inspector« (siehe Seite 159).

Jetzt wollen wir aber noch die Testklassengenerierung abschließen. Drücken Sie im folgenden Dialog den *Ja*-Button.

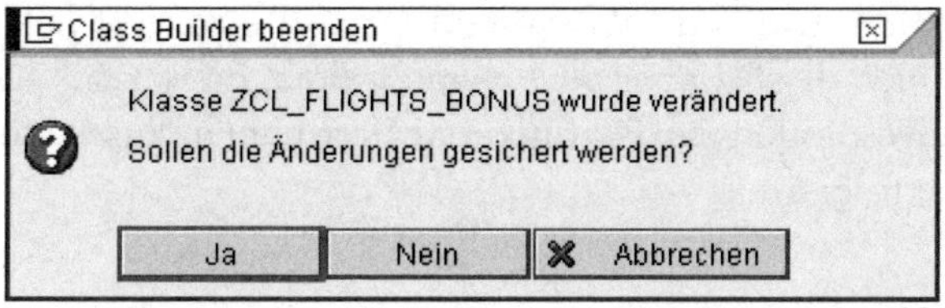

Abb. 6–54 *Abschließen der Testklassengenerierung*

Das Ergebnis der Testklassengenerierung sieht nun folgendermaßen aus:

Lokale Testklassen inaktiv

```
* ----------------------------------------------------------------------
CLASS Abap_Unit_Testclass DEFINITION FOR TESTING  "#AU Duration Medium
  "#AU Risk_Level Harmless
.
* ----------------------------------------------------------------------
* ===============
  PUBLIC SECTION.
* ===============

* ==================
  PROTECTED SECTION.
* ==================

* ================
  PRIVATE SECTION.
* ================
    DATA:
      m_ref TYPE REF TO Zcl_Flights_Bonus.          "#EC NOTEXT

    METHODS: Setup.
    METHODS: Teardown.
ENDCLASS.       "Abap_Unit_Testclass
* ----------------------------------------------------------------------
CLASS Abap_Unit_Testclass IMPLEMENTATION.
* ----------------------------------------------------------------------

* ----------------------------------------------------------------------
  METHOD Setup.
* ----------------------------------------------------------------------
    DATA It_Carrid TYPE .
    DATA It_Fldate TYPE .
    DATA It_Cityfrom TYPE .
    DATA It_Cityto TYPE .

    CREATE OBJECT m_ref
      EXPORTING
        IT_CARRID = It_Carrid
        IT_FLDATE = It_Fldate
        IT_CITYFROM = It_Cityfrom
        IT_CITYTO = It_Cityto.
  ENDMETHOD.       "Setup

* ----------------------------------------------------------------------
  METHOD Teardown.
* ----------------------------------------------------------------------


  ENDMETHOD.       "Teardown


ENDCLASS.       "Abap_Unit_Testclass
```


Abb. 6–55 *Ergebnis der Testklassengenerierung*

Schauen wir uns an, was das SAP-System für uns generiert hat. Auf den ersten Blick nicht sehr viel, dies ist aber auch verständlich, da wir bei der Testklassengenerierung keine Methoden zur Prüfung markiert haben. Passen Sie das generierte Coding bitte wie folgt an:

Listing 6–11

```
class lcl_abap_unit_testclass definition for testing.
  "#AU Duration Medium
  "#AU Risk_Level Harmless

  private section.
    data:
      mo_ref type ref to zcl_flights_bonus.

endclass.        "Abap_Unit_Testclass

class lcl_abap_unit_testclass implementation.

endclass.        "Abap_Unit_Testclass
```

Wir haben die Klasse gemäß der Namenskonventionen im Definitions- und Implementierungsbereich umbenannt. Auch das Attribut der Klasse wurde umbenannt. Alle überflüssigen Anweisungen wurden entfernt. Prüfen Sie die Änderungen und aktivieren Sie die lokale Testklasse.

Definition von lokalen Testklassen

Die Definition von ABAP-Unit-Testklassen erfolgt mittels des Syntax-Ausdrucks `CLASS <class_name> DEFINITION FOR TESTING.`

Listing 6–12

```
class lcl_abap_unit_testclass definition for testing.
...
endclass.
```

Die Testattribute zur Klasse werden mit den Pseudokommentaren `"#AU Duration` und `"#AU Risk_Level` definiert. Bitte beachten Sie dabei, dass beide Pseudokommentare nicht in der gleichen Zeile notiert werden, da die ABAP-Laufzeitumgebung die Testattribute nicht erkennen würde.

Listing 6–13

```
class lcl_abap_unit_testclass definition for testing.
  "#AU Duration Medium
  "#AU Risk_Level Harmless
...
endclass.
```

So weit, so gut, jetzt ist es an der Zeit, den ersten Test, wie anhand des ⇨ PEP-Testprozesses (siehe Seite 121) geplant, zu implementieren.

Definition von Testmethoden

Die Testmethoden in der lokalen Testklasse sind normale Instanzmethoden mit dem zusätzlichen Syntax-Ausdruck FOR TESTING. In den Testmethoden ist der eigentliche Unit-Test implementiert, und beim Durchführen des ABAP-Unit-Testlaufs werden diese Methoden ausgeführt.

Der Testfall 1 (TF1) für unser Beispiel prüft, ob die Attribute der Klasse auch tatsächlich gefüllt sind. Gehen Sie in die lokale Testklasse lcl_abap_unit_testclass. Rufen Sie dafür die globale Klasse zcl_flights_bonus auf. Über das Menü → Springen → Lokale Testklassen gelangen Sie in die lokalen Testklassen der globalen Klassen.

Legen Sie nun die Methode _check_attributes in dem Definitionsbereich der Testklasse wie folgt an:

Listing 6–14

```
class lcl_abap_unit_testclass definition for testing.
  "#AU Duration Medium
  "#AU Risk_Level Harmless

  public section.
    methods:
      _check_attributes for testing.

  private section.
    data:
      mo_ref type ref to zcl_flights_bonus.

endclass.        "Abap_Unit_Testclass
```

Jetzt erfolgt die eigentliche Ausprogrammierung des Tests in dem Implementierungsbereich der Klasse. Da wir bei den Werten prüfen wollen, ob diese initial sind oder nicht, werden wir die ASSERT-Methode ASSERT_NOT_INITIAL dafür verwenden. Natürlich müssen wir auch vorher den Testkontext schaffen; in unserem Fall werden wir dafür lokale Daten definieren, die als Ersatz für die Selektionsparameter genutzt werden. Diese füllen wir mit Werten und erzeugen dann die Instanz `mo_ref` mit der Übergabe der Selektionsparameter. Fügen Sie folgendes Programmcoding in den Implementierungsbereich ein:

Listing 6–15

```
class lcl_abap_unit_testclass implementation.

  method _check_attributes.
*   Daten zum erstellen von Selektionstabellen
    data:
      lt_car type range of
        zcl_flights_bonus=>ty_sflight-carrid,
      lt_date type range of
        zcl_flights_bonus=>ty_sflight-fldate,
      lt_city type range of
        zcl_flights_bonus=>ty_sflight-cityfrom,
      lt_citto type range of
        zcl_flights_bonus=>ty_sflight-cityto,

      ls_car   like line of lt_car,
      ls_date  like line of lt_date,
      ls_city  like line of lt_city,
      ls_citto like line of lt_citto.

*   Testcoding
    ls_car-low = 'LH'.
    append ls_car to lt_car.
    ls_date-low  = '28.03.2005'.
    append ls_date  to lt_date.
    ls_city-low  = 'FRANKFURT'.
    append ls_city  to lt_city.
    ls_citto-low = 'NEW YORK'.
    append ls_citto to lt_citto.

    create object mo_ref
      exporting
        it_carrid   = lt_car
        it_fldate   = lt_date
        it_cityfrom = lt_city
        it_cityto   = lt_citto.

*   ASSERT Prüfmethode
    cl_aunit_assert=>assert_not_initial(
      act  = mo_ref->mt_carrid
      msg  = 'CARRID ist leer!'
      quit = cl_aunit_assert=>no ).

  endmethod.                    "_check_attributes

endclass.       "Abap_Unit_Testclass
```

Wenn wir uns an die Beschreibung der Methode ⇨ ASSERT_NOT_INITIAL (siehe Seite 117) erinnern, dann ist einzig und allein der Parameter ACT ein Muss-Parameter. Alle anderen Parameter können wir weglassen. Natürlich ist es sinnvoll, dem MSG-Parameter eine auf die Prüfsituation zugeschnittene Meldung mitzugeben. Auch dem QUIT-Parameter haben wir einen neuen Wert zugewiesen. Default ist der Wert QUIT-Level = METHOD, was bedeutet, dass die Testmethode beendet wird, wenn die Prüfmethode nicht erfolgreich durchläuft. Da wir aber 4 Attribute der Klasse prüfen wollen, werden wir den QUIT-Level auf den Wert NO setzen. Das heißt, dass bei einem Fehler die Testmethode _CHECK_ATTRIBUTES nicht beendet wird, sondern weiter die nächste Anweisung verarbeitet.

Die Klasse CL_AUNIT_ASSERT enthält verschiedene Konstanten zu den Methodenparametern QUIT und LEVEL. Setzen Sie diese Konstanten anstatt des numerischen Wertes ein. Ihr Testcoding bleibt dadurch besser wartbar:

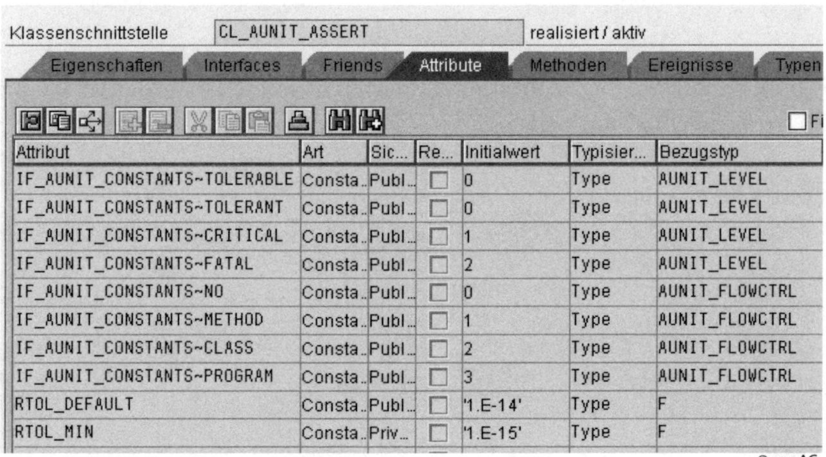

Attribut	Art	Sic...	Re...	Initialwert	Typisier...	Bezugstyp
IF_AUNIT_CONSTANTS~TOLERABLE	Consta..	Publ...	☐	0	Type	AUNIT_LEVEL
IF_AUNIT_CONSTANTS~TOLERANT	Consta..	Publ...	☐	0	Type	AUNIT_LEVEL
IF_AUNIT_CONSTANTS~CRITICAL	Consta..	Publ...	☐	1	Type	AUNIT_LEVEL
IF_AUNIT_CONSTANTS~FATAL	Consta..	Publ...	☐	2	Type	AUNIT_LEVEL
IF_AUNIT_CONSTANTS~NO	Consta..	Publ...	☐	0	Type	AUNIT_FLOWCTRL
IF_AUNIT_CONSTANTS~METHOD	Consta..	Publ...	☐	1	Type	AUNIT_FLOWCTRL
IF_AUNIT_CONSTANTS~CLASS	Consta..	Publ...	☐	2	Type	AUNIT_FLOWCTRL
IF_AUNIT_CONSTANTS~PROGRAM	Consta..	Publ...	☐	3	Type	AUNIT_FLOWCTRL
RTOL_DEFAULT	Consta..	Publ...	☐	'1.E-14'	Type	F
RTOL_MIN	Consta..	Priv...	☐	'1.E-15'	Type	F

Abb. 6–56 *Abschließen der Testklassengenerierung*

Die Konstanten mit dem Sichtbarkeitsbereich PUBLIC haben alle einen Klassen-Alias-Namen und können somit verkürzt angesprochen werden. Beispielsweise müssen Sie nicht CL_AUNIT_ASSERT~IF_AUNIT_CONSTANTS~NO schreiben, sondern können dies durch CL_AUNIT_ASSERT=>NO abkürzen.

▶ **Best Practice** --

Bei der Bezeichnung der Testmethoden verwende ich einen Unterstrich (_), um die Testmethoden kenntlich zu machen. Wenn die Menge an Klassen, die für das Unit Testing angelegt werden, einen gewissen Umfang erreicht, dann empfinde ich es als durchaus sinnvoll, anhand der Namenskonventionen sofort zu erkennen, ob es sich um eine Testmethode handelt oder um eine normale Methode, die als Hilfsroutine für die Testklassen dient. Stellen Sie sich einfach vor, Sie haben mehrere globale ABAP-Unit-Testklassen, diese Testklassen benutzen mehrere globale Hilfsklassen, die für die Durchführung der Tests notwendig sind. Wenn Sie jetzt noch die globalen Testklassen in einer Vererbungshierarchie nutzen und diese dann letztendlich in lokalen Klassen verwenden müssen, damit Sie die Unit-Tests ausführen können, kann dies sehr schnell unübersichtlich werden. Sie möchten auch nicht in jede Methode hineinnavigieren, da dies sehr zeitintensiv ist. Aus diesem Grunde ist es vorteilhaft, wenn Sie allein anhand der Namenskonventionen (und natürlich anhand eines sprechenden Methodennamens) erkennen, was die Funktionalität der Methode ist.

Wie gehabt prüfen Sie das Programmcoding. In unserem Fall erhalten Sie den folgenden Syntax-Fehler angezeigt:

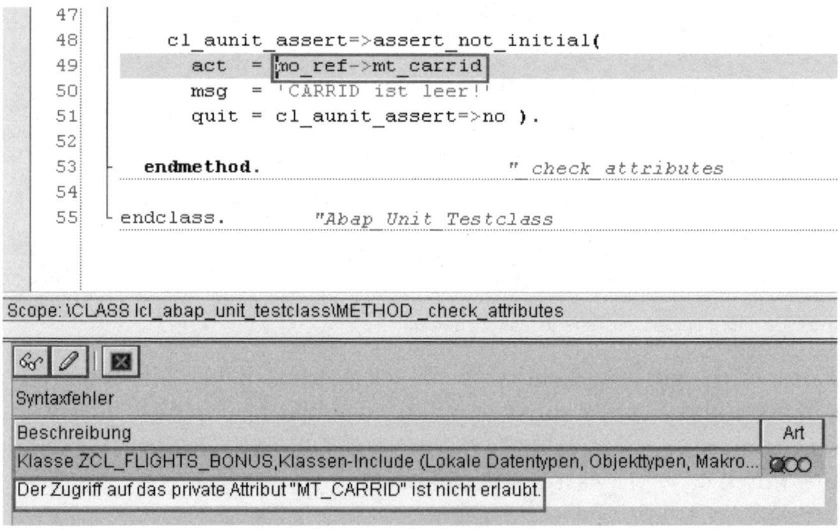

Abb. 6–57 *Zugriff auf private Komponente MT_CARRID nicht erlaubt*

Zugriff auf private oder geschützte Komponenten

Da wir die Attribute der Klassen im privaten Sichtbarkeitsbereich angelegt haben, können diese Attribute nur in der Klasse selber angesprochen und verwendet werden. Dies stellt für den Einsatz der Unit-Tests erst mal ein Dilemma dar, da wir so nie auf die Komponenten im privaten Sichtbarkeitsbereich zugreifen können. Dies würde die Nutzung von ABAP Unit sehr einschränken und als Testframework unbrauchbar machen.

Damit das ABAP Unit Framework auf den privaten Sichtbarkeitsbereich der zu testenden Klasse Zugriff hat, gibt es im SAP das Konzept der ⇨ FRIENDS-Klassen. Dies bedeutet nichts anderes, als dass die mit FRIENDS bezeichnete Klasse (oder auch das Interface) Zugriff auf die privaten (PRIVATE) und auch das die geschützten (PROTECTED) Komponenten bekommt.

Dieses Konstrukt nutzen wir jetzt, um auf das Attribut MO_REF->MT_CARRID zugreifen zu können. Ändern Sie die lokale Testklasse LCL_ABAP_UNIT_TESTCLASS wie folgt ab:

Listing 6–16

```
class lcl_abap_unit_testclass definition deferred.
class zcl_flights_bonus definition local friends
  lcl_abap_unit_testclass.

class lcl_abap_unit_testclass definition for testing.
  "#AU Duration Medium
  "#AU Risk_Level Harmless
...
```

Bevor die eigentliche Definition der lokalen Klasse LCL_ABAP_UNIT_TESTCLASS erfolgt, macht die globale Klasse ZCL_FLIGHTS_BONUS die Testklasse als Freund (FRIENDS) bekannt. Durch das Einfügen der Anweisung ist es nun möglich, den Syntax-Prüfer ohne Fehler durchlaufen zu lassen. Aktivieren Sie daraufhin das Programmcoding.

Nun ist es an der Zeit, die erste Prüfmethode auszuführen:

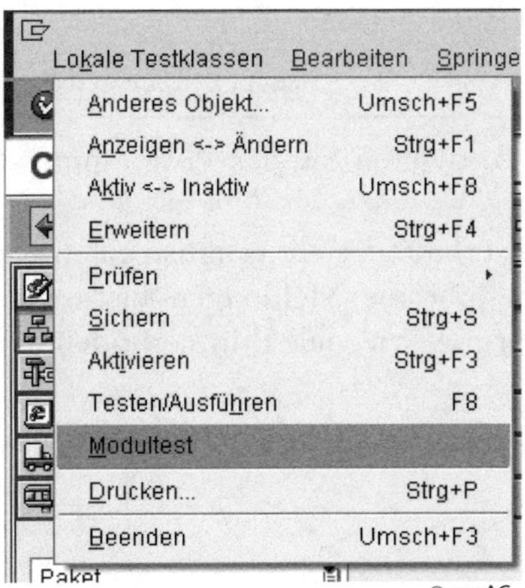

© sap AG

Abb. 6–58 *Modultest ausführen*

Über das Menü → Lokale Testklassen → Modultest führen Sie den ABAP Unit-Test aus. Als Ergebnis erhalten Sie folgende Meldung in der Statuszeile:

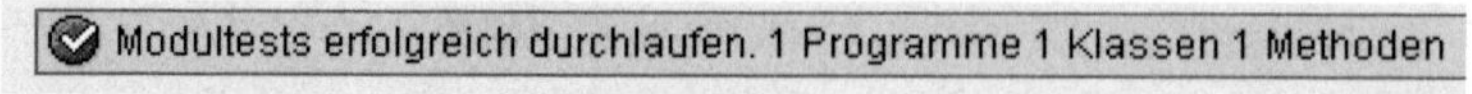

Abb. 6–59 *Ergebnis der ausgeführten Modultests*

Jetzt werden wir noch die weiteren Attribute der Klasse in der Testmethode `_CHECK_ATTRIBUTES` auf analoge Weise wie für das Attribut `MO_REF->MT_CARRID` implementieren. Fügen Sie folgendes Programmcoding in die lokale Testklasse ein:

Listing 6–17

```
method _check_attributes.
...
  cl_aunit_assert=>assert_not_initial(
      act  = mo_ref->mt_carrid
      msg  = 'CARRID ist leer!'
      quit = cl_aunit_assert=>no ).
    cl_aunit_assert=>assert_not_initial(
      act  = mo_ref->mt_fldate
      msg  = 'Datum ist leer!'
      quit = cl_aunit_assert=>no ).
    cl_aunit_assert=>assert_not_initial(
      act  = mo_ref->mt_cityfrom
      msg  = 'Abflugstadt ist leer!'
      quit = cl_aunit_assert=>no ).

    cl_aunit_assert=>assert_not_initial(
      act  = mo_ref->mt_cityto
      msg  = 'Ankunftstadt ist leer!'
      quit = cl_aunit_assert=>no ).

 endmethod.                     "_check_attributes
```

Prüfen Sie die Syntax. Aktivieren Sie das Programmcoding und führen Sie die ABAP Unit-Tests durch.

Die Meldung, die Sie erhalten, sieht genauso aus wie im vorigen Testlauf. Das Framework ABAP Unit gibt die Meldungen bis zur Methodenebene aus. Es erfolgt keine Protokollierung, wie viele Prüfmethoden in der Testmethode durchlaufen wurden.

▶ **BEST PRACTICE** --

In unserem Beispielfall habe ich die Prüfung der einzelnen Attribute der Klasse in eine Testmethode implementiert. In diesem konkreten Fall, bei der Prüfung der Attribute, die im Konstruktor gesetzt werden, erstelle ich nur eine Testmethode, in der ich die Anzahl der `ASSERT`-Prüfmethoden implementiere. Dies führe ich aber nur in diesem Fall durch. Beim Planen und Designen der Unit-Tests empfehle ich Ihnen, für jede Testsituation in einem Testfall eine eigene Testmethode anzulegen. Sie erhalten beim Ausführen der Tests mehr Informationen in der Ergebnisanzeige und können die einzelnen Testsituationen so besser nachvollziehen. So wie es das objektorientierte Paradigma zum Erstellen von Methoden empfiehlt, pro Funktion eine Methode zu verwenden, so sollten Sie dieses Designprinzip auch beim Erstellen von Unit-Tests verwenden.

Dann machen wir weiter mit dem PEP-Testprozess und überlegen uns den nächsten Testfall:

- PLAN:
  Was passiert, wenn die übergebenen Schnittstellenparameter leer sind? Wir erwarten, dass keine Verarbeitung stattfindet und dass wir eine Nachricht (vielleicht sogar eine Fehlernachricht) erhalten (TF2).
- EXECUTE:
  Je nachdem wie dieser Zustand in der Verarbeitungsklasse behandelt wird, können wir die Prüfmethode `ASSERT_SUBRC` einsetzen, falls die Nachricht in Form von Exceptions zurückgeliefert wird. Falls die Nachrichten in Form von Ausnahme-Objekten (⇨ Klassenbasiertes Exception Handling) erfolgt, müssen wir uns eine andere Methode überlegen.
- PROVE:
  Das Ergebnis der Prüfmethode sollte nach Übergabe der Selektionsparameter so sein, dass der SY-SUBRC einen anderen Wert als 0 bekommt oder dass eine klassenbasierte Exception zurückgeliefert wird.

ABAP Unit-Tests sind ⇨ White-Box-Testverfahren, dies bedeutet, dass wir die Möglichkeit haben, uns das Programmcoding anzuschauen und uns anhand der Implementierung Testfälle überlegen zu können. Da die Daten, die zu verarbeiten sind, beim Erzeugen des Objekts, also in der Methode `CONSTRUCTOR`, verarbeitet werden, sollte auch an dieser Stelle eine Behandlung bei leeren Tabelleninhalten erfolgen:

Listing 6–18

```
method constructor.

  me->mt_carrid   = it_carrid.
  me->mt_fldate   = it_fldate.
  me->mt_cityfrom = it_cityfrom.
  me->mt_cityto   = it_cityto.

endmethod.
```

Das Programmcoding enthält keine Behandlung, falls die Schnittstellenparameter leer sind. Wenn Sie die Methoden-Ausnahmen der Methode `CONSTRUCTOR` betrachten, ist dort keine Ausnahmenbehandlung, weder durch normale Exceptions noch durch klassenbasierte Exceptions, vorgesehen:

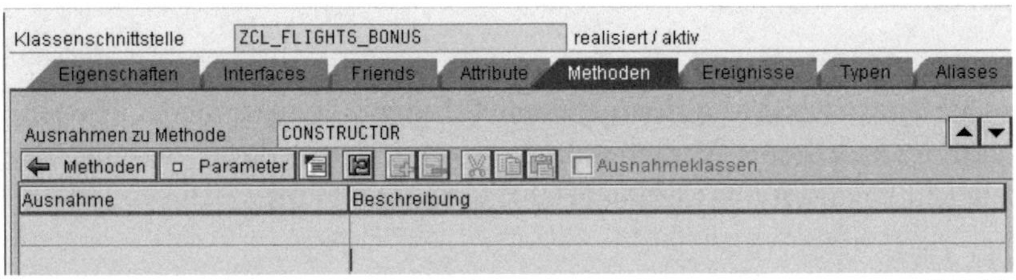

© sap AG

Abb. 6–60 *Ausnahmen zur Methode CONSTRUCTOR*

Allein durch das Überlegen des nächsten Testfalls haben wir eine Schwachstelle im Programmcoding gefunden. Wir werden die Methode `CONSTRUCTOR` erst mal anpassen und dann den Unit-Test implementieren.

Gehen Sie dafür erneut in die Klasse `ZCL_FLIGHTS_BONUS`, und zwar in die Ausnahmen der Methode `CONSTRUCTOR`. Schalten Sie den Modus auf Ändern und fügen Sie die Ausnahme hinzu:

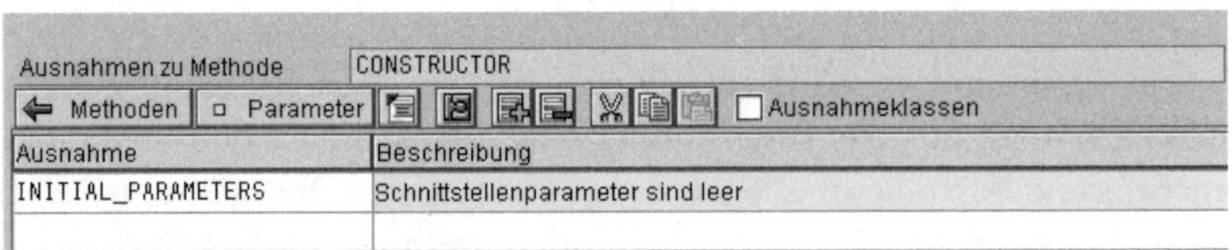

© sap AG

Abb. 6–61 *Ausnahme INITIAL_PARAMETER anlegen*

In unserem Fall werden wir eine normale Ausnahme (also keine klassenbasierte Ausnahme) ausgeben. Wir werden eine Meldung ausgeben, wenn drei der vier Schnittstellenparameter leer sind. Die Parameter, die eine Ausnahme bewirken, sind: `MT_CARRID`, `MT_CITYFROM` und `MT_CITYTO`.

Ändern Sie das Programmcoding der Methode CONSTRUCTOR wie folgt ab:

Listing 6–19

```
method constructor.

  if it_carrid   is initial or
     it_cityfrom is initial or
     it_cityto   is initial.
    raise initial_parameters.
  endif.

  me->mt_carrid   = it_carrid.
  me->mt_fldate   = it_fldate.
  me->mt_cityfrom = it_cityfrom.
  me->mt_cityto   = it_cityto.

endmethod.
```

Jetzt sind wir in der Lage, in unserem PEP-Testprozess den Punkt EXECUTE näher zu definieren:

- EXECUTE:
  Wir werden die Prüfmethode ASSERT_SUBRC verwenden, um zu prüfen, ob die Ausnahme INITIAL_PARAMETERS ausgegeben wird. Dabei werden wir erst mal den Schnittstellenparameter IT_CARRID in einer eigenen Testmethode überprüfen.

Gehen Sie nun in die lokale Testklasse LCL_ABAP_UNIT_TESTCLASS der globalen Klasse ZCL_FLIGHTS_BONUS, und fügen Sie im Definitionsbereich der Klasse LCL_ABAP_UNIT_TESTCLASS folgende Testmethoden hinzu:

Listing 6–20

```
class lcl_abap_unit_testclass definition for testing.
  "#AU Duration Medium
  "#AU Risk_Level Harmless

  public section.
    methods:
      _check_attributes          for testing,
      _check_carrid_exception    for testing.
...
```

Gehen Sie nun in den Implementierungsteil der lokalen Klasse und fügen Sie folgendes Programmcoding ein. Bitte beachten Sie, dass die Initialisierung der einzelnen Schnittstellenparameter in jeder Testmethode unterschiedlich ist:

Listing 6–21

```
class lcl_abap_unit_testclass implementation.
...
  method _check_carrid_exception.
*   Datendefinitionen
    data:
      lt_car type range of
        zcl_flights_bonus=>ty_sflight-carrid,
      lt_date type range of
        zcl_flights_bonus=>ty_sflight-fldate,
      lt_city type range of
        zcl_flights_bonus=>ty_sflight-cityfrom,
      lt_citto type range of
        zcl_flights_bonus=>ty_sflight-cityto,

      ls_car   like line of lt_car,
      ls_date  like line of lt_date,
      ls_city  like line of lt_city,
      ls_citto like line of lt_citto.

*   Testcoding
    ls_date-low  = '28.03.2005'.
    append ls_date  to lt_date.
    ls_city-low  = 'FRANKFURT'.
    append ls_city  to lt_city.
    ls_citto-low = 'NEW YORK'.
   append ls_citto to lt_citto.

    create object mo_ref
      exporting
        it_carrid   = lt_car
        it_fldate   = lt_date
        it_cityfrom = lt_city
        it_cityto   = lt_citto
      exceptions
        initial_parameters = 1
        others             = 2.

*   Prüfmethoden
    cl_aunit_assert=>assert_subrc(
      act = sy-subrc
      exp = 1
      msg = 'CARRID-Ausnahme nicht geworfen!' ).

  endmethod.
...
endclass.
```

Beachten Sie dabei bitte, dass der Aufruf zur Erzeugung einer Instanz der Klasse ZCL_FLIGHTS_BONUS sich geändert hat, da die Methode CONSTRUCTOR eine Ausnahme implementiert hat. Erzeugen Sie die Instanz MO_REF über den Button *Muser* und dann *Muser zu ABAP Objects*. Dadurch erhalten Sie den Exception-Teil beim Erzeugen der Instanz. Ändern Sie das Erzeugen der Instanz auch in der Testmethode _CHECK_ATTRIBUTES analog ab.

Prüfen Sie die Syntax und aktivieren Sie das Programmcoding.
Führen Sie den ABAP Unit-Test durch. Folgende Ergebnisanzeige erhalten Sie in der Statusleiste:

© sap AG

Abb. 6–62 *Ergebnis der ausgeführten Modultests*

Wunderbar – die Unit-Tests sind erfolgreich durchgelaufen.

Wir haben die Anwendung mit ein paar einfachen Tests geprüft. Ganz nebenbei haben Sie wesentliche Grundlagen zum ABAP Unit Framework erworben. Mit Ihren Kenntnissen sind Sie nun bestens gerüstet für fortgeschrittene ABAP-Unit-Themen und für weitere Methoden, um Ihre Anwendungen zu überprüfen und dadurch bessere Softwareprodukte zu erstellen.

6.7 Zusammenfassung

Dieses Kapitel hat Ihnen die Grundlagen zum ABAP Unit Framework vermittelt. Ihnen sind die SAP-eigenen Begriffe wie:

- Testlauf
- Testaufgabe
- Testmethode
- Testklasse

nun bestens bekannt. Sie haben einen Einblick in die Funktionsweise und die Philosophie des Frameworks erhalten und wissen, wie ABAP Unit-Tests organisiert sind.

Weiterhin haben Sie einen Überblick über folgende Punkte bekommen:

- Pakete und Klassen im ABAP Unit Framework
- eine detaillierte Beschreibung der Prüfmethoden der Klasse CL_AUNIT_ASSERT
- Testattribute zur Risikostufe und Laufzeitkategorie
- wie Sie auf private Attribute mittels des FRIENDS-Konzepts zugreifen können

Sie verstehen nun den Vorteil, den Ihnen das White-Box-Testverfahren bietet, damit Sie sich Testfälle herleiten können, und haben diverse Praxistipps beim Erstellen von Software und bei der Implementierung von ABAP Unit-Tests erhalten.

7 ABAP Unit – Fortgeschrittene Techniken

»Simple things should be simple
and complex things should be possible.«

Alan Kay

Die fortgeschrittenen Themen, die hier behandelt werden, befassen sich mit Techniken, die die Arbeit mit dem ABAP Unit Framework noch einfacher und effektiver gestalten sollen. Sie erfahren in diesem Kapitel etwas über die Automatisierung der Unit-Tests und welche Mittel Ihnen zur Verfügung stehen, um diese einzusetzen. Wir beschäftigen uns außerdem mit der Frage, welchen Prinzipien eine Testarchitektur folgt.

Übersicht über das Kapitel:

- Methode, um Ihre Testdaten zu organisieren
- ABAP Unit Fixtures
- Automatisierung der Tests
- Integration des ABAP Unit in den Code Inspector

7.1 Was nicht behandelt wird

In einem Kapitel über fortgeschrittene Unit-Test-Methoden würden einige Leser gern das Thema Test-Double ⇨ [Meszaros_07] behandelt sehen. Test-Double ist der Oberbegriff für jegliche Methoden, die statt des »echten« Objekts eine Attrappe nutzen.

Test-Double

Test-Double sind Attrappen: Sie implementieren die gleiche Schnittstelle wie die »echten« Objekte und können diese deshalb für den Test ersetzen (und simulieren).

Häufig werden bei Unit-Tests Ressourcen benötigt, die bei der Testausführung nicht zur Verfügung stehen, weil sie z.B. noch nicht fertig sind oder die Anbindung zu aufwändig wäre. In solchen Fällen kann es sinnvoll sein, Test-Double einzusetzen.

Typische Beispiele:

- Datenbank, Server, andere Programmkomponenten etc.

Tests können somit unabhängig von der Verfügbarkeit der »echten« Objekte durchgeführt werden.

Bekannte Test-Double sind:

- ⇨ Mock-Objekte
- ⇨ Stubs

Ich habe mich aus drei Gründen entschlossen, dieses Thema nicht zu behandeln.

- Der Umfang des Buches würde durch Behandlung dieses Themas erheblich gesprengt werden.
- Im ABAP-Umfeld stehen bis heute keine Tools zur Verfügung, die den Einsatz von Test-Doubles unterstützen.
- Ich persönlich halte es wie Martin Fowler in seinem lesenswerten Artikel »Mocks aren't Stubs« ⇨ [URL: mocks arent stubs]. Ich tendiere in die Richtung des klassischen Test-Driven Development-Stiles und versuche in meiner Arbeit größtenteils »echte« Objekte statt Attrappen zu verwenden.

7.2 Rund um das Thema Testdaten

Beim bisherigen Einsatz des ABAP Unit Frameworks haben wir versucht, uns anhand unseres Softwaretest-Wissens geeignete Testfälle zu überlegen, um daraus die Eingabe- und Ausgabewerte des Tests zu bestimmen. Die Bedeutung des Testfalls in diesem Punkt ist wie folgt zu sehen:

- Ein Testfall beschreibt in einer allgemeinen Art einen Satz an Daten (Testdaten) oder eine Testsequenz und ist somit Grundlage für die Spezifikation der Daten (Testdaten).
- Bestandteil des Testfalls sind somit
  - die zur Durchführung notwendigen Vorbedingungen (auch Preconditions genannt), also die Menge der Eingabewerte,
  - die erwarteten Sollwerte und die erwarteten Nachbedingungen (Postconditions).

Testdaten sind ein wichtiger Bestandteil beim Einsatz des ABAP Unit Frameworks. Natürlich erhalten wir durch das systematische Ermitteln von Testfällen auch die Testdaten dazu.

Sie haben somit folgende Möglichkeiten, um sich Testdaten zu überlegen:

- Anonymisierte Produktionsdaten nutzen
- Vorhandene Testdatenbestände einsetzen
- Selbst erstellte Testdatenbestände einsetzen

Nachdem Sie Ihre Testdaten ermittelt oder erhalten haben, ist die Frage, wie Sie diese Testdaten in Ihren Tests integrieren. Unsere bisherige Lösung war, dass wir in jeder Testmethode die Testkonstellation neu programmiert haben. Schon bei Listing 6-21 (siehe Seite 138) war die Situation so, dass wir beim Test der initialen Selektionsparameter die Datendefinitionen und das Erzeugen der Instanz MO_REF jedesmal in die jeweilige Methode implementieren mussten. Damit Sie beim Erstellen eines Testkontextes nicht ständig Programmcoding kopieren müssen, gibt es im ABAP-Unit-Umfeld das Konzept der ⇨ Fixtures.

Fixtures

Ein Fixture ist eine Testkonfiguration, die vor dem Aufruf einer Testmethode hergestellt wird. Es enthält Testdaten, Testobjekte, Ressourcen und Verbindungen. Das Implementieren von Fixtures können Sie in lokalen Testklassen oder ab SAP-Basis-Release 7.00 in globalen Testklassen, durch die folgenden parameterlosen Methoden im Sichtbarkeitsbereich PRIVATE implementieren. Anhand der Namenskonvention erkennt die ABAP-Laufzeitumgebung die Fixture-Methoden und ruft diese auf. Folgende Fixture-Methoden stehen Ihnen zur Verfügung:

- die Instanzmethode SETUP, die vor jeder einzelnen Testmethode der Testklasse ausgeführt wird,
- die Instanzmethode TEARDOWN, die nach jeder einzelnen Testmethode der Testklasse ausgeführt wird,
- die statische Methode CLASS_SETUP, die einmal vor allen Testmethoden der Testklasse ausgeführt wird,

- die statische Methode CLASS_TEARDOWN, die einmal nach allen Testmethoden der Testklasse ausgeführt wird.

Bestimmte Testkontexte (Testkonstellationen) immer neu aufzubauen, kann im Einzelfall sehr laufzeitintensiv sein, und es ist auch unnötig, wenn diese Daten von den Testmethoden nicht verändert werden. In diesem Fall ist das Nutzen der Fixture-Methoden CLASS_SETUP und CLASS_TEARDOWN zu empfehlen.

Unsere ABAP Unit-Tests für die Beispielanwendung werden wie nun so umgestalten, dass wir die Daten, die in jeder Testmethode genutzt werden, im privaten Sichtbarkeitsbereich anlegen, und dass wir die Fixture-Methode SETUP für das Aufbauen der Testdaten nutzen. Da wir in jeder Testmethode eine neue Instanz der Klasse ZCL_FLIGHTS_BONUS erzeugen, nutzen wir die Instanzmethode TEARDOWN, um den Speicherplatz für die Instanz freizugeben. In den jeweiligen Testmethoden werden wir dann nur noch den spezifischen Testkontext implementieren.

Gehen Sie bei der lokalen Testklasse LCL_ABAP_UNIT_TESTCLASS in den Definitionsbereich und passen Sie das Programmcoding wie folgt an:

Listing 7–1

```
class lcl_abap_unit_testclass definition for testing.
  "#AU Duration Medium
  "#AU Risk_Level Harmless

  public section.
    methods:
      _check_attributes         for testing,
      _check_carrid_exception   for testing.

  private section.

    methods:
      setup,
      teardown.

    data:
      mo_ref    type ref to zcl_flights_bonus,
      mt_car    type range of
        zcl_flights_bonus=>ty_sflight-carrid,
      mt_date   type range of
        zcl_flights_bonus=>ty_sflight-fldate,
      mt_city   type range of
        zcl_flights_bonus=>ty_sflight-cityfrom,
      mt_citto type range of
        zcl_flights_bonus=>ty_sflight-cityto.

endclass.        "Abap_Unit_Testclass
```

Die Fixture-Methoden beziehen sich immer auf die aktuelle Testklasse. Bei Vererbungshierarchien werden die Fixture-Methoden für jede beteiligte Klasse ausgeführt. Die SETUP-Methoden werden von den Oberklassen zu den Unterklassen und die TEARDOWN-Methoden von den Unterklassen zu den Oberklassen hin ausgeführt.

Nachdem wir die Attribute und Methoden nun in den Definitionsbereich der Testklasse verschoben haben, passen Sie die Implementierung der Testklasse so an, dass wir die Testdaten vorbereiten und nachbereiten (Methoden SETUP und TEARDOWN) und dass wir die bisherigen Testmethoden im Bereich des Testcodings anpassen:

Listing 7–2

```
class lcl_abap_unit_testclass implementation.

  method setup.
*   Diese Strukturen sind nur beim SETUP notwendig
    data:
      ls_car   like line of mt_car,
      ls_date  like line of mt_date,
      ls_city  like line of mt_city,
      ls_citto like line of mt_citto.

*   Testcoding
    ls_car-low = 'LH'.
    append ls_car to mt_car.
    ls_date-low = '28.03.2005'.
    append ls_date  to mt_date.
    ls_city-low = 'FRANKFURT'.
    append ls_city to mt_city.
    ls_citto-low = 'NEW YORK'.
    append ls_citto to mt_citto.

  endmethod.                    "setup

  method teardown.
    free: mo_ref.
  endmethod.                    "teardown

  method _check_attributes.
*   Testcoding
    create object mo_ref
      exporting
        it_carrid   = mt_car
        it_fldate   = mt_date
        it_cityfrom = mt_city
        it_cityto   = mt_citto
      exceptions
        initial_parameters = 1
        others             = 2.
```

```
*   Prüfmethoden
    cl_aunit_assert=>assert_not_initial(
      act  = mo_ref->mt_carrid
      msg  = 'CARRID ist leer!'
      quit = cl_aunit_assert=>no ).

    cl_aunit_assert=>assert_not_initial(
      act  = mo_ref->mt_fldate
      msg  = 'Datum ist leer!'
      quit = cl_aunit_assert=>no ).

    cl_aunit_assert=>assert_not_initial(
      act  = mo_ref->mt_cityfrom
      msg  = 'Abflugstadt ist leer!'
      quit = cl_aunit_assert=>no ).

    cl_aunit_assert=>assert_not_initial(
      act  = mo_ref->mt_cityto
      msg  = 'Ankunftstadt ist leer!'
      quit = cl_aunit_assert=>no ).

  endmethod.                    "_check_attributes

  method _check_carrid_exception.
*   Testcoding -> CARRID initialisieren
    clear mt_car.

    create object mo_ref
      exporting
        it_carrid   = mt_car
        it_fldate   = mt_date
        it_cityfrom = mt_city
        it_cityto   = mt_citto
      exceptions
        initial_parameters = 1
        others             = 2.

*   Prüfmethoden
    cl_aunit_assert=>assert_subrc(
      act = sy-subrc
      exp = 1
      msg = 'CARRID-Ausnahme nicht geworfen!' ).

  endmethod.                    "_check_carrid_exception

endclass.       "Abap_Unit_Testclass
```

Prüfen Sie die Syntax und aktivieren Sie das Programmcoding. Nach dem Ausführen der ABAP Unit-Tests erhalten Sie die bekannte Ergebnisanzeige in der Statusleiste:

© sap AG

Abb. 7–1 *Ergebnis der ausgeführten Modultests*

Einsatz von eCATT-Testdatencontainern

Bisher haben wir die Testdaten in das Programmcoding geschrieben. Dies hat aber folgende Nachteile:

- Das SAP-System, in dem Sie Ihre ABAP Unit-Tests durchführen, wird regelmäßig neu aufgebaut.
- Sie sollen Ihre ABAP Unit-Tests auf verschiedenen Mandanten des Systems ausführen; leider ist die Datenbasis dieser Systeme unterschiedlich, sodass Sie den erwarteten Testkontext nicht besitzen und Ihre Tests, falls diese auf Daten im System angewiesen sind, wertlos werden.
- Ihre Tests im aktuellen System laufen so erfolgreich, dass sich das Qualitätsmanagement dafür entscheidet, Ihre Tests auch im Qualitätssicherungssystem einzusetzen.

Die Lösung ist einfach, Ihnen steht eine Vielzahl an Varianten zur Verfügung, wie Sie Ihre Testdaten flexibel gestalten können:

- Testdaten in Textdateien aufbewahren und je nach System einen Mechanismus programmieren, der die relevanten Testdaten in den Testklassen nutzt.
- Eigene Datenbanktabellen erstellen und in den Testklassen die entsprechenden Testdaten aus den Datenbanktabellen lesen.
- Nutzen des ⇨ eCATT Frameworks. Dort die Daten in Testdatencontainern vorhalten und in den Testklassen einlesen und nutzen.

Für die Organisation der Testdaten nutzen wir das eCATT Framework. Das eCATT ist ein sogenanntes ⇨ Capture & Replay Tool und dient dazu, Anwendungen, die auf Oberflächen viele Interaktionen haben, aufzuzeichnen und diese aufgezeichneten Abläufe dann mittels einer Skriptsprache (die ABAP ähnlich ist) zu bearbeiten und mittels Testdaten die Felder der Oberflächen zu befüllen. Es ist das zweite Testwerkzeug neben dem ABAP Unit, das direkt in die SAP-Umgebung integriert ist.

Wir werden nun ein kleines Framework erstellen, mit dem Sie im eCATT die Testdaten vorhalten können. Natürlich ist dies ein ganz anderes Framework, doch anstatt eigene Datenbanktabellen inklusive Benutzeroberflächen zu erstellen, nutzen wir einfach die vorhandenen Möglichkeiten, die uns das SAP-System bietet.

Wir benötigen noch eine Hilfsklasse, um die Testdaten dann in unseren Testklassen einzusetzen.

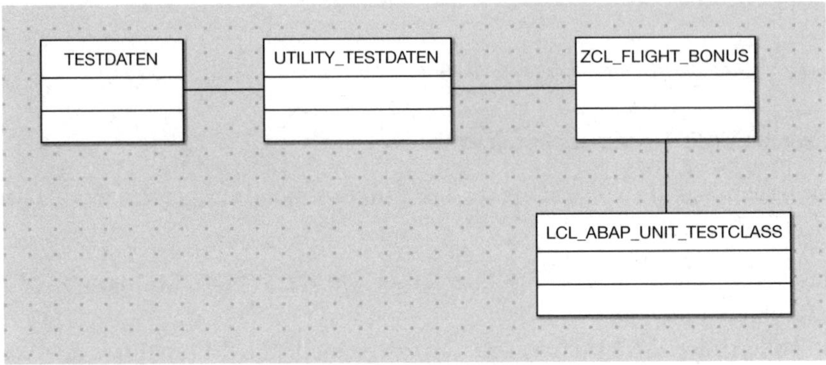

Abb. 7–2 *Klassendiagramm zum Einbinden von Testdaten*

Rufen Sie den Einstieg in das eCATT-Umfeld mittels der Transaktion SECATT auf:

Markieren Sie die Checkbox *Testdaten*. Geben Sie im freien Feld den Namen ZAU_TD an und drücken Sie den Button *Anlegen*. In dem folgendem Dialog füllen Sie die Daten zum Titel und zur Komponente wie in der folgenden Abbildung zu sehen:

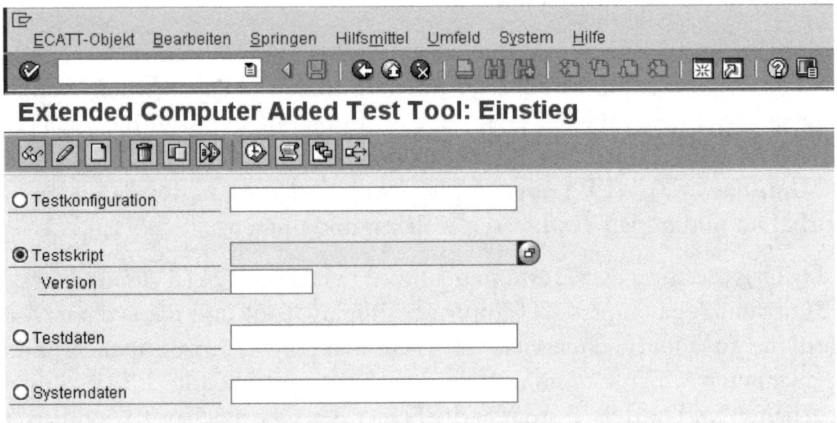

© sap AG

Abb. 7–3 *Einstieg in das eCATT-Umfeld*

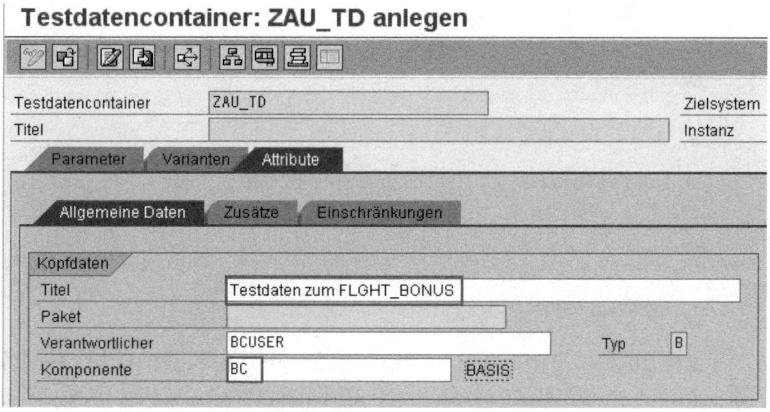

© sap AG

Abb. 7–4 *Testdatencontainer ZAU_TD anlegen*

Wechseln Sie nun in den Tabreiter *Parameter*. Legen Sie einen Parameter durch Drücken des Buttons *Anlegen* fest. Das System legt eine neue Zeile an:

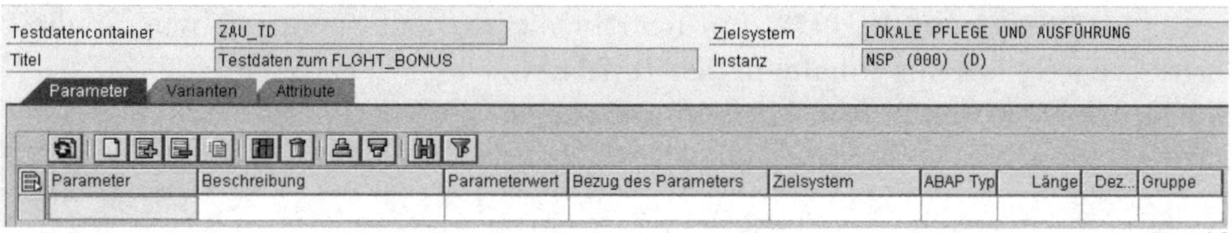

© sap AG

Abb. 7–5 *Parameter des Testdatencontainers ZAU_TD anlegen*

Die Parameter im Testdatenbereich bedeuten so viel wie die einzelnen Felder einer Struktur. Wenn Ihre Testdaten nur ein Feld benötigen, dann legen Sie nur einen Parameter an. Wenn Sie aber mehr Felder mit Testdaten versorgen wollen, dann müssen Sie mehrere Parameter anlegen. Wir werden Testdaten für die vier Verarbeitungstabellen der Klasse `ZCL_FLIGHTS_BONUS` anlegen. Für jede Tabelle werden wir den Zeilentyp definieren.

Legen Sie nun die folgenden Parameter an. Füllen Sie die Felder *Parameter* und *Bezug des Parameters*:

- Parameter: `P_CARR` Bezug des Parameters: `S_CARR_ID`
- Parameter: `P_DATE` Bezug des Parameters: `S_DATE`
- Parameter: `P_CITYFROM` Bezug des Parameters: `S_FROM_CIT`
- Parameter: `P_CITYTO` Bezug des Parameters: `S_TO_CITY`

Die Parameter sehen nun wie folgt aus:

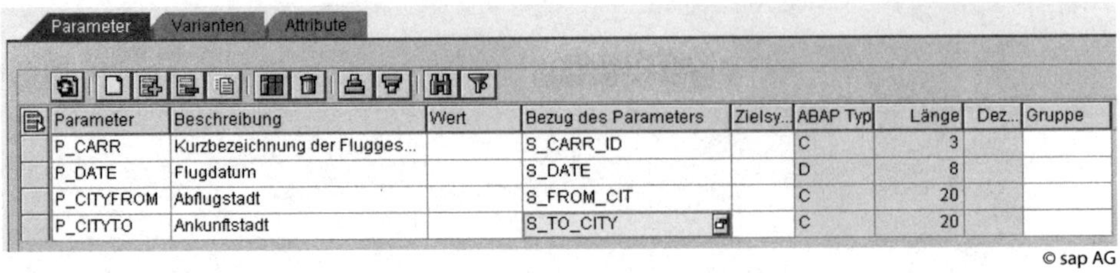

Parameter	Beschreibung	Wert	Bezug des Parameters	Zielsy...	ABAP Typ	Länge	Dez...	Gruppe
P_CARR	Kurzbezeichnung der Flugges...		S_CARR_ID		C	3		
P_DATE	Flugdatum		S_DATE		D	8		
P_CITYFROM	Abflugstadt		S_FROM_CIT		C	20		
P_CITYTO	Ankunftstadt		S_TO_CITY		C	20		

© sap AG

Abb. 7-6 *Angelegte Parameter des Testdatencontainers ZAU_TD*

Drücken Sie den Button *Speichern* und geben Sie in das Paket-Feld den Wert ZAUNIT ein. Drücken Sie den Button *Sichern* und bestätigen Sie im Folgedialog den Transportauftrag mit dem Button *Weiter.*

Wechseln Sie nun in den Tabreiter *Varianten*. In diesem Abschnitt werden wir die einzelnen Testdaten pflegen. Wir wollen die ABAP Unit-Tests für die initiale Übergabe der Schnittstellenparameter weiter testen. Bisher haben wir das Attribut MT_CARRID der Klasse ZCL_FLIGHTS_BONUS geprüft. Nun werden wir die Attribute MT_CITYFROM und MT_CITYTO prüfen. In diesem Fall benötigen wir für diese Attribute jeweils keine Inhalte in den Testdaten.

Drücken Sie den Button *Variante anhängen:*

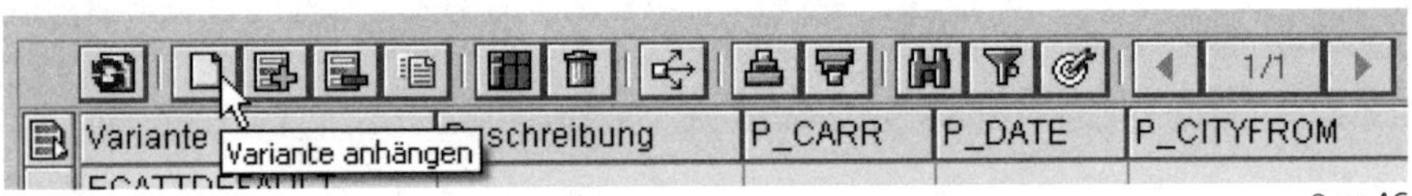

© sap AG

Abb. 7-7 *Anlegen von Varianten im Testdatencontainer ZAU_TD*

Legen Sie die Variante V1 und V2 mit folgenden Werten an:

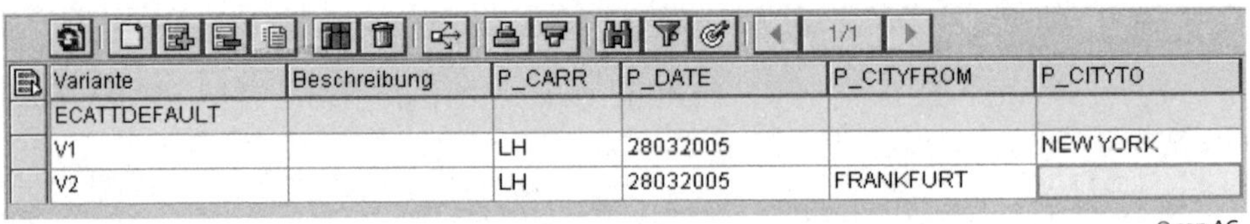

Variante	Beschreibung	P_CARR	P_DATE	P_CITYFROM	P_CITYTO
ECATTDEFAULT					
V1		LH	28032005		NEW YORK
V2		LH	28032005	FRANKFURT	

© sap AG

Abb. 7-8 *Angelegte Varianten des Testdatencontainers ZAU_TD*

Sichern Sie nun Ihre Eingaben. Die Testdaten der Varianten V1 und V2 sind in dem Framework eCATT angelegt. Jetzt benötigen wir nur noch eine Möglichkeit, um auf diese Daten bei unseren ABAP Unit-Tests zugreifen zu können. Hierfür werden wir eine Testdaten-Utility-Klasse anlegen. Diese Klasse wird die Testdaten aus dem eCATT-Umfeld lesen und Servicemethoden zur Verfügung stellen, damit wir die Inhalte in unserer lokalen Testklasse verwenden können.

Gehen Sie in den Object Navigator. Legen Sie eine globale Klasse ZCL_UTILITY_DATA mit dem Kurztext Utility-Klasse für Testdaten im Paket ZAUNIT an.

Wir werden den Konstruktor verwenden, um den Namen des eCATT-Objekts, in unserem Fall den Testdatencontainer, zu übergeben. Legen Sie nun die Methode CONSTRUCTOR an. Die Methode enthält den Schnittstellenparameter ID_ECATT_TEST_DATA_NAME vom Typ ETOBJ_NAME.

Legen Sie als nächstes die Methode READ_TEST_DATA als private Instanzmethode ohne Schnittstellenparameter an. Diese Methode liest anhand der vorhandenen Attribute die Daten aus dem eCATT-Testdatencontainer und speichert diese in den Attributen der Klasse ab.

Die letzte Methode in der Utility-Klasse, die wir benötigen, ist die Servicemethode für die lokalen Testklassen. Diese liefert die Variantendaten des eCATT-Testdatencontainers zurück. Legen Sie die Methode GET_VARIANT_VALUES als öffentliche (PUBLIC) Instanzmethode der Klasse an. Der Schnittstellenparameter ID_VAR_NAME ist ein IMPORTING-Parameter vom Typ ETVAR_ID, und der Parameter RS_ETPAR_VALUES ist ein RETURNING-Parameter vom Typ ETPAR_VARI.

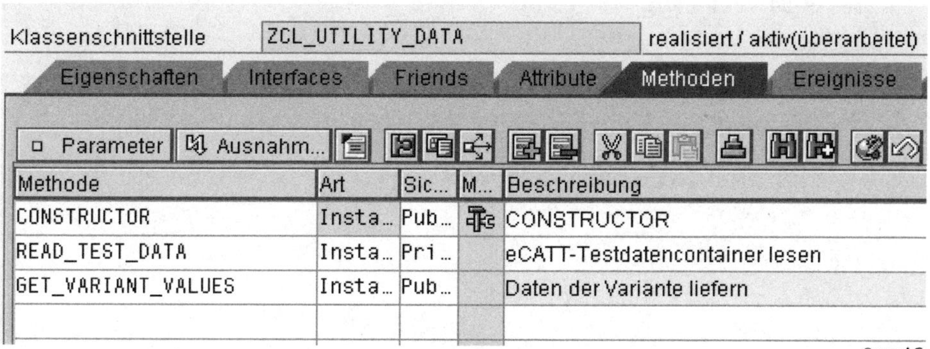

Abb. 7–9 *Methoden der Klasse ZCL_UTILITY_DATA*

Gehen Sie in den Tabreiter *Attribute* und legen Sie folgende private Instanzattribute an:

- MD_ECATT_NAME vom Typ ETOBJ_NAME
- MS_ECATT_DATA vom Typ ETPAR_VARI
- MT_ECATT_DATA vom Typ ETPAR_VARI_TABTYPE

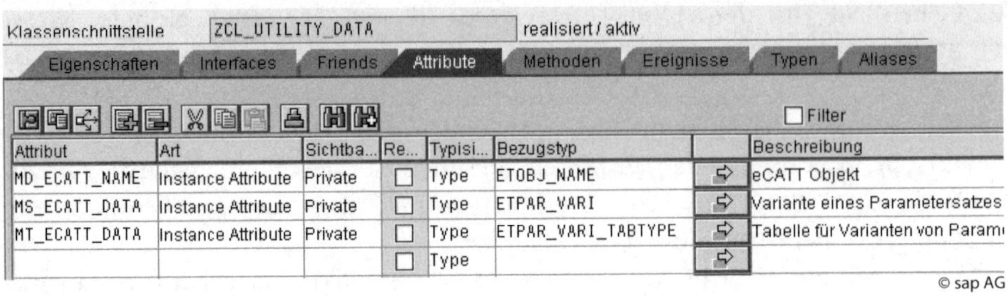

© sap AG

Abb. 7–10 *Attribute der Klasse ZCL_UTILITY_DATA*

Prüfen und aktivieren Sie die Klasse ZCL_UTILITY_DATA.

Gehen Sie nun in den Methoden-Editor der Methode CONSTRUCTOR und fügen Sie folgendes Programmcoding ein:

Listing 7–3

```
method constructor.

  me->md_ecatt_name = id_ecatt_test_data_name.
  me->read_test_data( ).

endmethod.
```

Fügen Sie der Methode READ_TEST_DATA folgendes Programmcoding ein:

Listing 7–4

```
method read_test_data.

 data:
    lo_root      type ref to cx_root,
    lo_test_data type ref to cl_apl_ecatt_test_data.

  try.
      create object lo_test_data
        exporting
          im_name = me->md_ecatt_name.

      try.
          lo_test_data->read( ).
me->mt_ecatt_data = lo_test_data->params->param_val_tab.

delete me->mt_ecatt_data where var_name = 'ECATTDEFAULT'.

       catch cx_ecatt_apl into lo_root.
      endtry.
```

```
    catch cx_ecatt_apl into lo_root.
  endtry.

endmethod.
```

Die Methode nutzt die Klassen des eCATT-Frameworks. Hier lesen wir anhand des Testdatencontainernamens die Varianteninhalte[1] in die Attribute hinein. Weiterhin wird die ECATTDEFAULT-Variante gelöscht, da wir dort keine Inhalte abgelegt haben. Damit haben wir jetzt die Inhalte aus dem eCATT-Framework und stellen diese mittels der Methode GET_VARIANT_VALUES zur Verfügung:

Listing 7–5

```
method get_variant_values.

  data:
    ls_ecatt_data type etpar_vari.

  loop at me->mt_ecatt_data into ls_ecatt_data
    where var_name = id_var_name.

    rs_etpar_values = ls_ecatt_data.
    return.

  endloop.

endmethod.
```

Das Programmcoding der Methode GET_VARIANT_VALUES macht nichts anderes, als anhand des übergebenen Variantennamens die dazugehörigen Inhalte zu liefern.

Prüfen Sie nun die Syntax und aktivieren Sie die entwickelten Komponenten. Jetzt sind wir bereit, die Testdaten in unseren Testklassen zu verwenden.

Gehen Sie in die lokale Testklasse LCL_ABAP_UNIT_TESTCLASS der globalen Klasse ZCL_FLIGHTS_BONUS. Wir werden nun eine weitere Testmethode zur Prüfung des Attributs MT_CITYFROM anlegen. Diese Testmethode wird die Testdaten anhand unserer Utility-Klasse ZCL_UTILITY_DATA lesen und dann die Prüfmethode ASSERT_SUBRC durchführen. Ändern Sie dazu die lokale Klasse LCL_ABAP_UNIT_TESTCLASS im Definitionsbereich wie folgt ab:

1. In unserem Fall lesen wir anhand der tiefen Struktur params->param_val_tab die Varianten heraus. Das eCATT-Framework bietet eine Vielzahl an Möglichkeiten, um damit zu arbeiten. Schauen Sie sich die globalen Klassen an, die eCATT und API im Namen enthalten.

Listing 7–6

```
class lcl_abap_unit_testclass definition for testing.
```

```
  "#AU Duration Medium
  "#AU Risk_Level Harmless
 public section.

  methods:
      _check_attributes         for testing,
      _check_carrid_exception   for testing,
      _check_cityfrom_exception for testing.
...
endclass.
```

Nachdem Sie die Testmethode _CHECK_CITYFROM_EXCEPTION definiert haben, werden als nächstens die Testdaten mittels der Utility-Klasse gelesen. Im folgenden Programmcoding wird eine Instanz der Utility-Klasse ZCL_UTILITY_DATA mit Übergabe des eCATT-Testdatencontainernamens (ZAU_TD) erzeugt. Daraufhin wird die Variante V1 gelesen. Bei der Anlage der Testdaten haben wir festgelegt, dass diese Variante für den Test des Attributs MT_CITYFROM die Testdaten enthält. Fügen Sie das Programmcoding der Testmethode in den Implementierungsbereich der lokalen Testklasse LCL_ABAP_UNIT_TESTCLASS ein:

Listing 7–7

```
class lcl_abap_unit_testclass implementation.

  method _check_cityfrom_exception.
*   Testcoding
    data:
      lo_test_data  type ref to zcl_utility_data,
      ls_variants   type etpar_vari,
      ls_par_values type etpar_vals,

      ls_car        like line of mt_car,
      ls_date       like line of mt_date,
      ls_citto      like line of mt_citto.

*   Initialisieren der Parameter
    clear:
      me->mt_car, me->mt_date,
      me->mt_city, me->mt_citto.

*   Instanz der Utility-Klasse erzeugen
    create object lo_test_data
      exporting
        id_ecatt_test_data_name = 'ZAU_TD'.
```

```
*   Lesen der Inhalte zur Variante V1
  ls_variants = lo_test_data->get_variant_values( 'V1' ).

*   Übergabetabellen aufbauen
    loop at ls_variants-par_values into ls_par_values.
      case ls_par_values-pname.
        when 'P_CARR'.
          ls_car-low = ls_par_values-value.
          append ls_car to me->mt_car.
        when 'P_DATE'.
          ls_date-low = ls_par_values-value.
          append ls_date to me->mt_date.
        when 'P_CITYTO'.
          ls_citto-low = ls_par_values-value.
          append ls_citto to me->mt_citto.
      endcase.
    endloop.

    create object mo_ref
      exporting
        it_carrid   = mt_car
        it_fldate   = mt_date
        it_cityfrom = mt_city
        it_cityto   = mt_citto
      exceptions
        initial_parameters = 1
        others             = 2.

*   Prüfmethoden
    cl_aunit_assert=>assert_subrc(
      act = sy-subrc
      exp = 1
      msg = 'CITYFROM-Ausnahme nicht geworfen!' ).

  endmethod.
...
endclass.
```

Prüfen Sie die die Syntax und aktivieren Sie die Sourcen.

Nach Durchführen der ABAP Unit-Tests erhalten Sie nun diese Ergebnisanzeige in der Statusleiste:

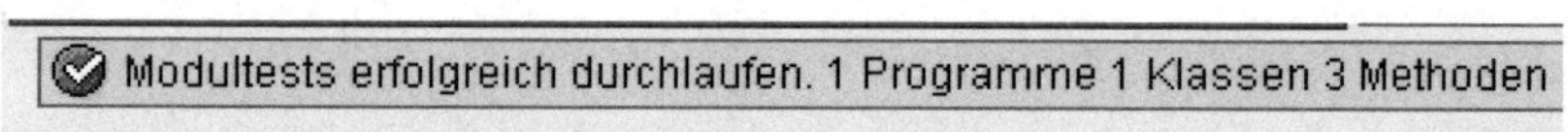

© sap AG

Abb. 7–11 *Abb. 7-11: Ergebnis der ausgeführten Modultests*

Mit dem gerade entwickelten kleinen Framework besitzen Sie die Möglichkeit, Ihre Testdaten im eCATT-Umfeld anzulegen und zu pflegen. Darüber hinaus bietet Ihnen der Testdatencontainer auch Funktionen wie Testdaten aus Excel-Listen hochzuladen oder die angelegten Testdaten in ein XML-Format zu exportieren und dieses in andere Systeme problemlos einzuspielen. Diese Funktionen und viele weitere bekommen Sie gratis dazu!

7.3 Testarchitektur

Das Erstellen von Softwareprodukten verläuft in vielen kleinen Iterationen, und dies ist beim Aufbau von Unit-Tests genauso. Neue Erkenntnisse oder Programmänderungen passen das Design der Entwicklungskomponente an, und die Folge ist, dass auch das Testdesign[2] anzupassen ist. Es liegt in der Natur der Sache, dass Sie das Testdesign nicht 100-prozentig vorher planen können, aber Sie können auch das Umfeld, in der Sie Ihre Unit-Tests durchführen, zu einem gewissen Grad flexibel und auch für künftige Unit-Tests leicht erweiterbar gestalten.

Alle Prinzipien der objektorientierten Analyse und des objektorientierten Designs können Sie beim Testdesign verwenden. Selbstverständlich gibt es im Testumfeld Design Pattern, die Sie studieren und einsetzen können. [Meszaros 07]

Design by Contract

Das Design-Prinzip ⇨ Design by Contract von Bertrand Meyer ist eines der vielen Muster, das Sie beim Erstellen Ihrer Unit-Tests integrieren sollten. Es kommt der ⇨ Unit-Philosophie & Funktionsweise von ABAP Unit (siehe Seite 83) am nächsten, da dort Überlegungen zu den Vorbedingungen (im Test beispielsweise zu den Istwerten) und den Nachbedingungen (im Test beispielsweise zu den Sollwerten) gemacht werden. Dieses Prinzip ist eine Methode zur Vermeidung von Softwarefehlern und wird im ursprünglichen Sinne von den Entwicklern genutzt. Sie können durch Einbeziehen des Design-by-Contract-Prinzips in Ihre Überlegung zum Ablauf Ihrer Unit-Tests einen neuen Blickwinkel auf Ihre zu testenden Komponenten erhalten und dadurch das Design Ihrer Tests verbessern.

2. Wenn in diesem Abschnitt die Rede von Design ist, dann ist hier Design im Sinne von Architektur (Aufbau und Zusammensetzung) der Komponenten gemeint. Siehe dazu auch ⇨ Design Pattern.

Wichtige Charakteristika des Design by Contract sind folgende:

- Im Vertrag wird das Zusammenspiel der Instanzen geregelt:
  - Methoden werden als Dienstleister aufgefasst.
  - Welchen Kontext muss der Aufrufer (in unserem Fall andere Instanzen) einhalten, um eine Methode (einen Service) einer anderen Instanz zu benutzen?
  - Welche Bedingungen werden zugesichert?
- Design by Contract erwartet diese Zusicherungen:
  - Vorbedingungen (preconditions) sind vom Aufrufer einzuhalten.
  - Nachbedingungen (postconditions) sind vom Aufgerufenen einzuhalten.
  - Invarianten (nicht änderbare Zusicherungen)

Wenn Sie in den Programmsourcen Zusicherungen in Form von Design by Contract finden, dann können Sie sich dazu Testfälle überlegen, die anhand der Informationen, die Sie besitzen, spezifischer die Software testen können. Beispielsweise finden Sie Vorbedingungen, aber keine Nachbedingungen in dem Programmcoding. Sie können sich die Fragen stellen, hat der Entwickler etwas übersehen, gibt es hier Testfälle, die interessant sein könnten? Oder Sie finden gar kein Programmcoding, in dem das Prinzip des Design by Contract enthalten ist. Sie können sich dann überlegen, sind Vorbedingungen/Nachbedingungen in einer anderen Form verarbeitet worden? Gibt es Testsituationen, in denen dieses Prinzip doch eine Rolle spielt?

Das Prinzip des Design by Contract ist im ABAP mit der Anweisung `ASSERTION` (siehe Seite 166 ⇨ Assertions) abgebildet. Einige Aspekte zur `ASSERTION`-Anweisung werden wir noch im Folgenden behandeln, da es ein Konstrukt ist, das dem Entwickler ermöglicht, robustere und dadurch qualitativ bessere Software zu erstellen.

Testdesign im ABAP-Unit-Beispiel

Im ABAP-Unit-Umfeld können Sie folgende Komponenten zum Erstellen Ihres Testdesigns, in unserem Fall für den Test einer Komponente, nutzen:

- den Programmtyp, den Sie prüfen
- die lokale Testklasse, in der die Prüfmethoden ausgeführt werden
- die globale abstrakte ABAP-Unit-Klasse
- Klassen, die Servicefunktionen für die Testdurchführung zur Verfügung stellen

Im folgenden Diagramm sehen Sie eine mögliche Testarchitektur, die ich in vielen Projekten erfolgreich eingesetzt habe. Es soll Ihnen als kleines Best-Practice-Beispiel dienen, wenn Sie Ihre Testarchitektur erstellen. Das Klassendiagramm zeigt die Testarchitektur der Beispielanwendung:

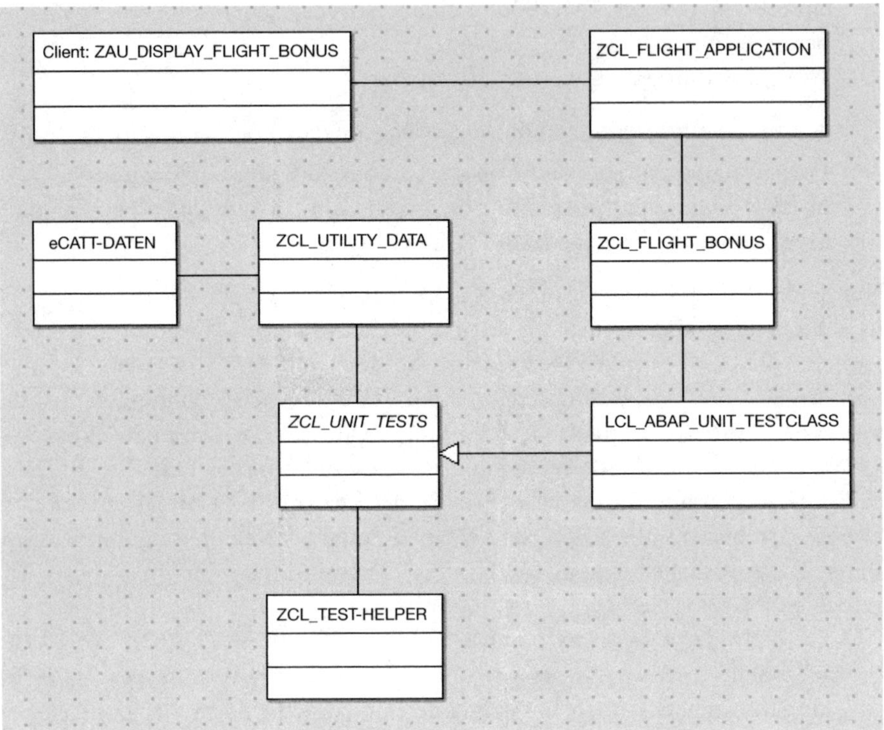

Abb. 7–12 *Testarchitektur der Beispielanwendung*

Die Beziehungen und die Funktion der einzelnen Klasse sind:

- Report `ZAU_DISPLAY_FLIGHT_BONUS`:
  Dient in diesem Modell als Client und ist der Einstiegspunkt der Anwendung
- Globale Klasse `ZCL_FLIGHT_APPLICATION`:
  Ist die Klasse, die die Anwendung instanziert und die Verarbeitung startet
- Globale Klasse `ZCL_FLIGHTS_BONUS`:
  Ist die eigentliche Verarbeitungsklasse und somit auch das Prüfobjekt
- Lokale Klasse `LCL_ABAP_UNIT_TESTCLASS`:
  Ist die Klasse, die die ABAP Unit-Tests ausführt. Sie ist eine Subklasse der:

- Globalen abstrakten Klasse ZCL_UNIT_TESTS:
  Ist eine globale Testklasse. Per Definition sind diese Klassen abstrakt, und die Instanzmethoden sind Testmethoden. Dort sind die Prüfmethoden auf das Prüfobjekt (Klasse ZCL_FLIGHTS_BONUS) enthalten.
- Globale Klasse ZCL_UTILITY_DATA:
  Ist die Serviceklasse, um auf eCATT-Testdatencontainer zuzugreifen
- eCATT-Testdatencontainer:
  Enthält im Bereich Testdatencontainer die Testdaten, die in den Unit-Tests verwendet werden sollen
- Globale Klasse ZCL_TEST_HELPER:
  Stellt Service-Methoden zur Verfügung, die zur Schaffung eines Testkontextes dienen. Die Methoden könnten beispielsweise noch weitere Systeminformationen lesen bzw. Daten aus dem SAP-System aufbereiten.

Natürlich gibt es eine riesige Auswahl an Methoden und Techniken, um Testarchitekturen aufzubauen. Ich empfehle Ihnen, sich zuerst mit Softwarearchitekturen, und mit Design Pattern zu beschäftigen, und dann insbesondere mit Testarchitekturen, Testpattern und vor allem mit Unit-Testpattern.

Die Grundlage aller Architekturen sind und bleiben weiterhin die objektorientierten Techniken der Softwareerstellung.

7.4 Automatisierung der Tests

> »Life is too short for manual testing.«
>
> Harry Robinson

Wenn wir den Testprozess nutzen und einsetzen, dann ist das Ziel, so viele Prozessschritte wie möglich automatisiert ablaufen zu lassen. Auch mit dem Einsatz von ABAP Unit erhalten Sie die Möglichkeit, Ihre Testkomponenten zu bündeln und die Unit-Tests automatisiert ablaufen zu lassen.

Ihnen als Entwickler, aber auch den Softwaretestern und Qualitätsmanagern steht die Möglichkeit zur Verfügung, Massentests auf folgende Weise auszuführen.

7.4.1 Integration in den Code Inspector

Das Prüftool Code Inspector bietet die Möglichkeit, ABAP Unit-Tests automatisiert durchzuführen. Drei Schritte sind notwendig, bis Sie die ABAP Unit-Tests mit dem Tool ausführen können.

Erster Schritt: Anlegen der Prüfvariante

Gehen Sie in die Transaktion SCI und legen Sie die Prüfvariante ZAUNIT_P an:

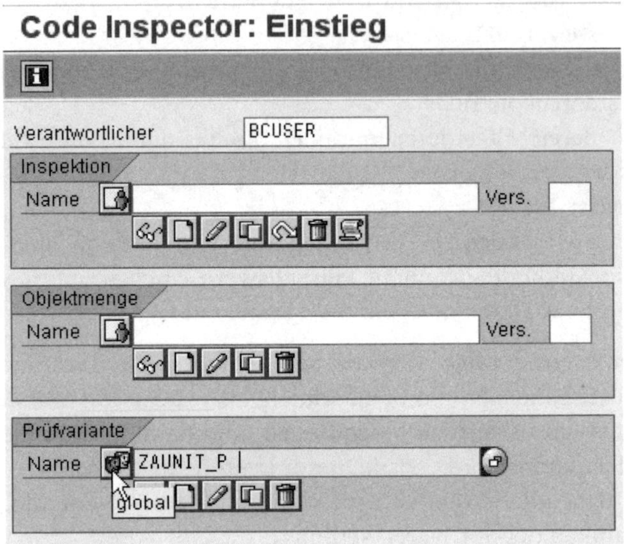

Abb. 7–13 *Anlegen der Prüfvariante im Code Inspector*

Achten Sie darauf, dass die Prüfvariante vom Typ global ist, dies erreichen Sie durch Umschalten des Buttons auf das Icon mit zwei Personen.

Im folgenden Dialog markieren Sie die Checkbox *Dynamische Tests*:

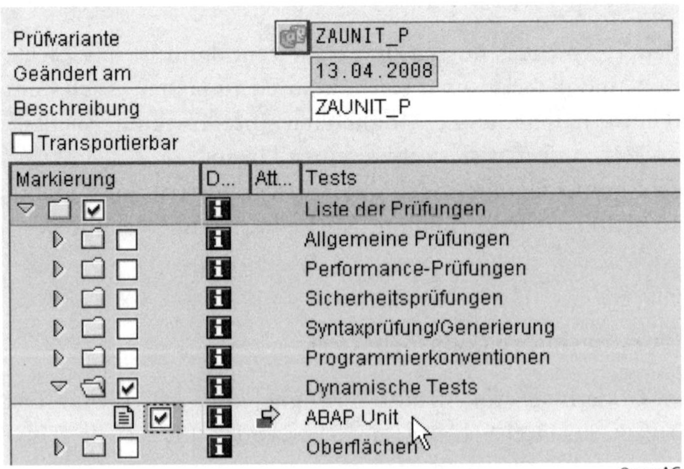

Abb. 7–14 *Dynamische Tests in der Prüfvariante markieren*

Sichern Sie die Änderung und gehen Sie wieder in den Einstiegsbildschirm des Code Inspectors.

Zweiter Schritt: Anlegen der Objektmenge

Legen Sie die globale Objektmenge ZAUNIT_O an:

Abb. 7–15 *Anlegen der Objektmenge im Code Inspector*

Im folgenden Dialog geben Sie im Tabreiter *ObjMenge selektieren* im Abschnitt Objekt-Zuordnung das Paket ZAUNIT ein:

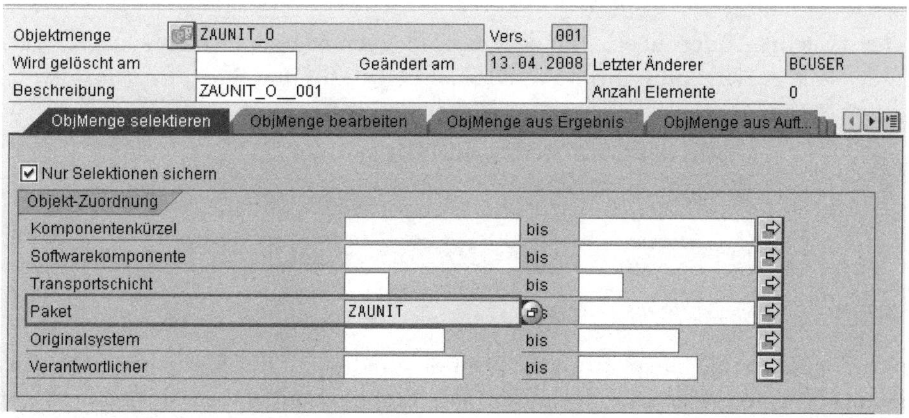

Abb. 7–16 *Objektmenge ZAUNIT_O definieren*

Sichern Sie die Änderung und gehen Sie wieder in den Einstieg des Code Inspectors zurück.

Dritter Schritt: Anlegen der Inspektion

Legen Sie die globale Inspektion ZAUNIT_I an:

Abb. 7–17 *Inspektion ZAUNIT_I anlegen*

Im folgenden Dialog geben Sie bei Objektmenge nun die zuvor angelegte Objektmenge ZAUNIT_O und bei der Prüfvariante ZAUNIT_P an:

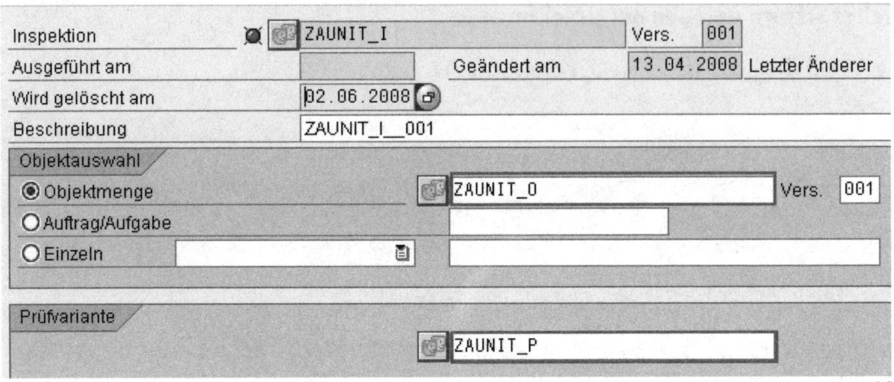

© sap AG

Abb. 7–18 *Objektmenge und Prüfvariante definieren*

Sichern Sie die Änderungen. Nun können Sie einen Massentest über die Testklassen des Pakets ZAUNIT durchführen. Drücken Sie dafür den Button *Ausführen*:

© sap AG

Abb. 7–19 *Inspektion ZAUNIT_I ausführen*

Nach Ausführen der Inspektion erhalten Sie die Info in der Statusleiste Die Ausführung ist erfolgreich durchgelaufen. Die Ergebnisse des Code-Inspector-Laufs können Sie durch Drücken des Buttons *Ergebnisse* ansehen:

© sap AG

Abb. 7–20 *Inspektion nach der Ausführung*

Die Ergebnisse unseres Massentests sehen wie folgt aus. Durch Doppelklick der Ergebniszeile können Sie direkt in die Testmethode hineinnavigieren:

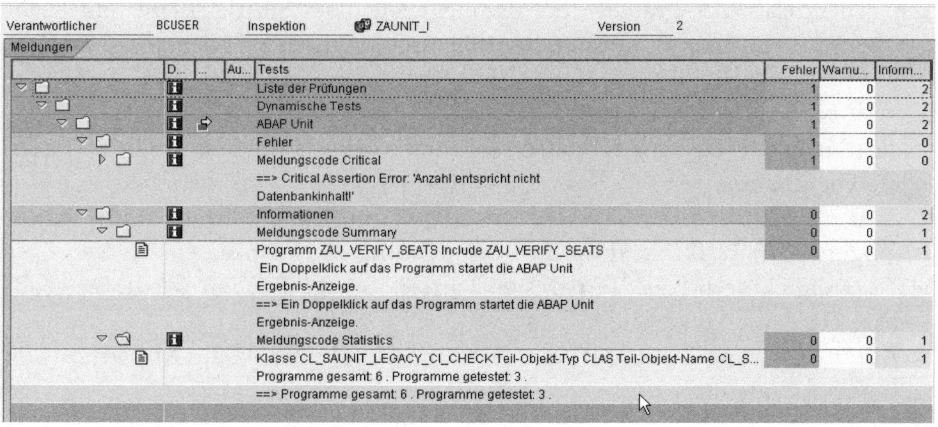

© sap AG

Abb. 7–21 *Ergebnis der Inspektion ZAUNIT_I*

Nun sind Sie in der Lage, die Massentests jederzeit zu wiederholen, indem Sie eine neue Version der Inspektion erzeugen und erneut ausführen:

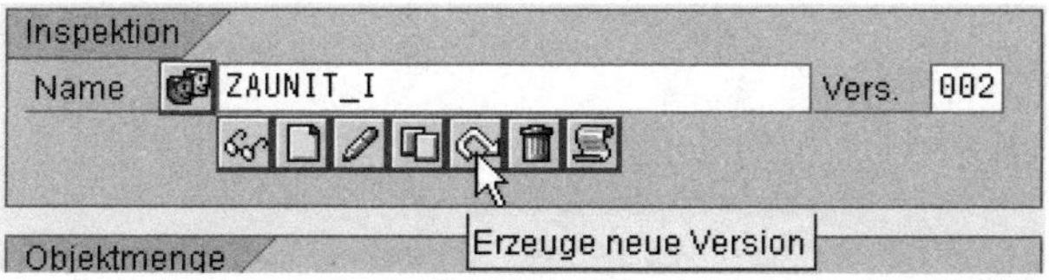

© sap AG

Abb. 7–22 *Neu Version der Inspektion ZAUNIT_I erzeugen*

7.4.2 Andere Möglichkeit: Report RS_AU_LIGHT

Die andere Möglichkeit, um Ihre Tests zu bündeln und dadurch Massentests durchzuführen, ist das Erstellen eines eigenen Tools, das Ihnen die Testklassen ausführt. Mein Tipp an dieser Stelle ist, dass Sie den SAP-Report `RS_AU_LIGHT` als Template nutzen und diesen Report so weit anpassen, dass auch Pakete, die in Ihrem Namensraum liegen, ausgeführt werden können.

7.5 Zusammenfassung

Die fortgeschrittenen Testtechniken rund um das ABAP Unit Framework erleichtern den Einsatz des Frameworks dahingehend, dass Sie flexiblere und leicht erweiterbare, für die Zukunft nutzbare Testarchitekturen erstellen können.

Sie haben Einblick in folgende Themen erhalten:

- Testdatencontainer aus dem eCATT-Framework verwenden, um Ihre Testdaten vorzuhalten.
- Anhand der Fixture-Methoden im ABAP-Unit-Umfeld ist es Ihnen besser möglich, den Testkontext für die Testmethoden zu organisieren.
- Testarchitekturen bzw. Test-Design Pattern verwenden, um wiederverwendbare Designs zu erstellen.
- Automatisierung der ABAP Unit-Tests und Durchführung der Massentests im Prüftool Code Inspector.

8 Ergänzende Techniken zur Qualitätssicherung

»Es ist das Wesen meiner Kampfkunst, dass du lernst, am Gegner vor dir auch das kleinste Anzeichen dessen wahrzunehmen, was er beabsichtigt, dass du es erkennst, solange es noch nicht ausgeführt ist.«

Miyamoto Musashi

Dieses Kapitel beschäftigt sich mit weiteren Techniken, die Ihre Software noch qualitativ hochwertiger machen können. Diese Techniken unterstützen den Softwareentwickler dabei, früher Fehlerzustände zu erkennen. Die hier vorgestellten Techniken sind keine Testtechniken, sondern Methoden der Qualitätssicherung von Softwareprogrammen.

Übersicht über das Kapitel:

- Aktivierbare Checkpoints
- `ASSERTION`s und `BREAK-POINT`-Haltepunkte
- Checkpoint-Groups und deren Einsatz

Die Techniken, die wir uns jetzt anschauen wollen, gehören zu den Kontrolltechniken beim Erstellen von Software. In SAP stehen Ihnen diverse Möglichkeiten zur Verfügung, Kontrollmechanismen einzusetzen. Diese erlauben es Ihnen, stabilere Software auszuliefern, da Sie an den für Sie wichtigen Programmstellen die Kontrollmechanismen einsetzen können.

Auf den folgenden Seiten werden wir uns mit Assertions, Breakpoints und Checkpoint-Groups beschäftigen und wie Sie diese in Ihren Programmen einsetzen können.

8.1 Assertions

Assertions bezeichnen Zusicherungen in Programmen. Eine Assertion wird über die Anweisung `ASSERT` als bedingter Checkpoint definiert. Assertions sind entweder immer aktiv oder durch Zuordnung zu einer Checkpoint-Gruppe aktivierbar. Eine Assertion ist nichts anderes als eine Zusicherung, dass ein bestimmter Zustand, d.h. ein Inhalt einer Variablen, im Programm auch vorliegt. Die Idee dieses Konstruktes ist es, dass bestimmte Vorbedingungen (siehe ⇨ Design by Contract) eingehalten sind, bevor eine weitere Verarbeitung erfolgen soll.

The Three Amigos: Mr. Good, Mr. Bad and Mr. Pragmatic

Mr. Bad: Wieso soll ich denn `ASSERT`-Anweisungen benutzen? Es gibt doch die Möglichkeit, mit Ausnahmen den Programmfluss zu steuern?

Mr. Good: Die Motivation der Assertions ist es, die Robustheit von Programmen zu erhöhen, indem sie auf die Korrektheit des Zustands, also beispielsweise eines Variableninhalts, prüfen. Das Augenmerk ist hierbei darauf gerichtet, dass ein Programm so geprüft wird, wie die Anforderungen dies vorgesehen haben.

Mr. Bad: Heißt das etwa, dass die Anforderungen so geprüft werden, wie diese gestellt worden sind, und dass keine weitere Verarbeitung stattfindet, wenn der erwartete Zustand (gemäß Anforderung) nicht vorliegt?

Mr. Pragmatic: Ja, genau so ist es. Die Assertions folgen dem Designprinzip Design by Contract. Und die Anforderungen bzw. deren Spezifizierung über die Vorbedingungen werden hier als Vertrag zwischen den Objekten gesehen und beenden eine Verarbeitung, wenn der Vertrag (also Zustand) nicht eingehalten wird.

Die Anweisung `ASSERT` werden wir nun in unserer Beispielanwendung einsetzen. Nehmen wir an, dass die Anforderung explizit vorsieht, dass die Selektionsparameter der Reports `ZAU_DISPLAY_FLIGHT_BONUS` auf gar keinen Fall leer sein dürfen. Außerdem sieht die Anforderung vor, dass ggf. der Report durch andere Reports mit dem ABAP-Befehl `SUBMIT` aufgerufen werden soll. Der Auftraggeber wünscht sich in diesem Fall, diesen Zustand als nie eintreffend zu sehen – entsprechend robust sollte das Programm erstellt sein.

Diese Anforderung werden wir nicht mit einer Fehlernachricht überprüfen, sondern mit der `ASSERT`-Anweisung, um dadurch zu gewährleisten, dass das Programm nicht weiter ausgeführt wird. Die Anweisung `ASSERT` bewirkt eigentlich viel mehr: Ist das Ergebnis der Überprüfung zutreffend, dann wird das Programm normal fortgesetzt. Wenn das Ergebnis der Überprüfung nicht zutreffend ist, dann bricht das Programm an dieser Stelle mit dem nicht abfangbaren Laufzeitfehler `ASSERTION_FAILED` ab.

Gehen Sie in den Report `ZAU_DISPLAY_FLIGHT_BONUS` und ändern Sie das Programmcoding wie folgt ab:

Listing 8–1

```
report  zau_display_flight_bonus.
...
*-----------------------------------------------------*
* B E G I N N   D E R   V E R A R B E I T U N G
*-----------------------------------------------------*
start-of-selection.

  assert id ZAU_STARTER CONDITION:
    s_car[]   is not initial,
    s_date[]  is not INITIAL,
    s_city[]  is not INITIAL,
    s_citto[] is not INITIAL.

  zcl_flight_application=>initialize(
      it_carrid   = s_car[]
      it_fldate   = s_date[]
      it_cityfrom = s_city[]
      it_cityto   = s_citto[] ).
```

Den Report haben wir nun um die ASSERT-Anweisung ergänzt. Wir wollen mit der Anweisung überprüfen, ob die Selektionstabellen auch wirklich gefüllt sind. Wenn dieser Zustand nicht eingehalten wird, dann erfolgt an dieser Stelle der oben genannte Laufzeitfehler.

Die vereinfachte Syntax des ASSERT-Befehls sieht wie folgt aus:

ASSERT [[ID **group**] CONDITION] **log_exp.**

Das Kürzel group enthält die Checkpoint-Gruppe und das Kürzel log_exp enthält den Ausdruck, der auf seinen Zustand hin geprüft wird.

Sichern Sie Ihre Änderungen und prüfen Sie die Syntax. Der Syntax-Prüfer liefert folgenden Fehler:

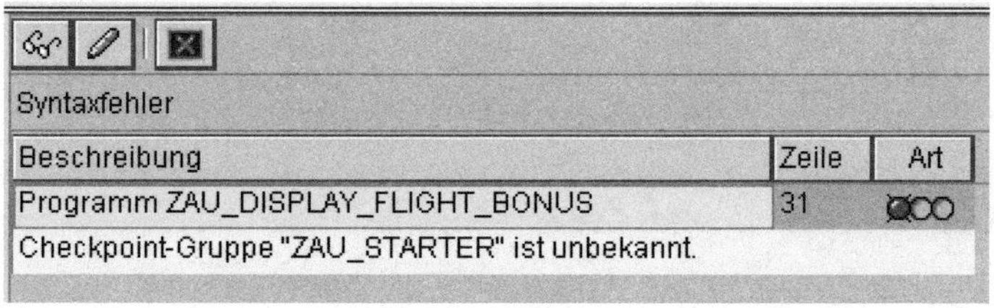

© sap AG

Abb. 8–1 *Syntaxfehler beim Programm ZAU_DISPLAY_FLIGHT_BONUS*

Da wir den Befehl ASSERT mit dem Zusatz ID ZAU_STARTER benutzt haben, liefert die Syntax-Prüfung einen Fehler, da wir die Checkpoint-Gruppe noch nicht angelegt haben.

Anlegen der Checkpoint-Gruppe

Eine Checkpoint-Gruppe dient zur Gruppierung und Aktivierung von ⇨ aktivierbaren Checkpoints. Das Anlegen von Checkpoint-Gruppen und die Pflege der Aktivierungseinstellungen erfolgen über die Transaktion SAAB. Die Aktivierungseinstellungen einer Checkpoint-Gruppe gelten für alle Checkpoints, die der Gruppe zugeordnet sind. Im Grunde genommen bieten Checkpoint-Gruppen nichts anderes, als Kontrollmechanismen in Programmen außerhalb des Programms zu aktivieren und deaktivieren und auch Protokollierungsmöglichkeiten zu den Kontrollpunkten zu nutzen.

Machen Sie in dem Report ZAU_DISPLAY_FLIGHT_BONUS einen Doppelklick auf die Anweisung ZAU_STARTER. Durch den Navigationsversuch erkennt das SAP-System, dass die Checkpoint-Gruppe noch nicht existiert:

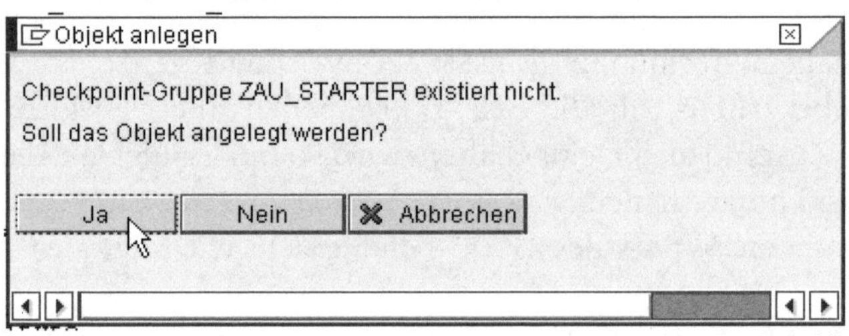

© sap AG

Abb. 8–2 *Checkpoint-Gruppe ZAU_STARTER anlegen*

Bestätigen Sie den Dialog mit Drücken des *Ja*-Buttons.

Geben Sie den folgenden Beschreibungstext ein und fahren Sie mit dem Drücken des *Weiter*-Buttons fort:

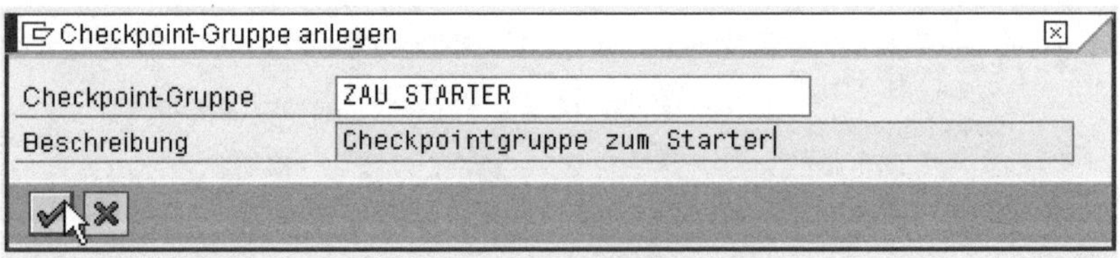

© sap AG

Abb. 8–3 *Beschreibung der Checkpoint-Gruppe hinzufügen*

In den folgenden Dialog geben Sie das Paket ZAUNIT ein und bestätigen daraufhin den bekannten Transportauftrag durch Drücken des *Weiter*-Buttons.

Letztendlich erhalten Sie einen Bestätigungsdialog, dass alles angelegt wurde:

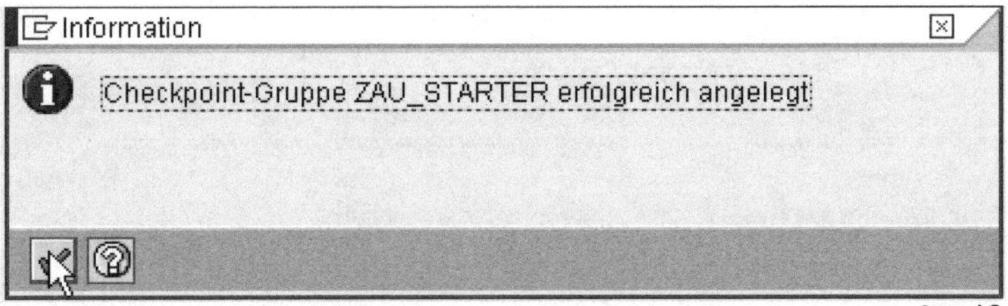

© sap AG

Abb. 8–4 *Informationsdialog zur Anlage der Checkpoint-Gruppe*

Bestätigen Sie auch diesen Dialog mit dem *Weiter*-Button.

Sie sind nun im *Ändern*-Modus der Checkpoint-Gruppe ZAU_STARTER. Per Default sind die aktivierbaren Checkpoints auf inaktiv gesetzt. Wir werden nun im Abschnitt *Assertions* die Checkbox auf *abbrechen* setzen.

Damit haben wir die Checkpoint-Gruppe ZAU_STARTER angelegt und die Checkpoint Assertion aktiviert. Weiterhin haben wir eingestellt, dass bei Fehlschlagen der ASSERT-Anweisung der Report sofort abbrechen soll. Die Einstellungen der Checkpoint-Gruppe sehen wie folgt aus:

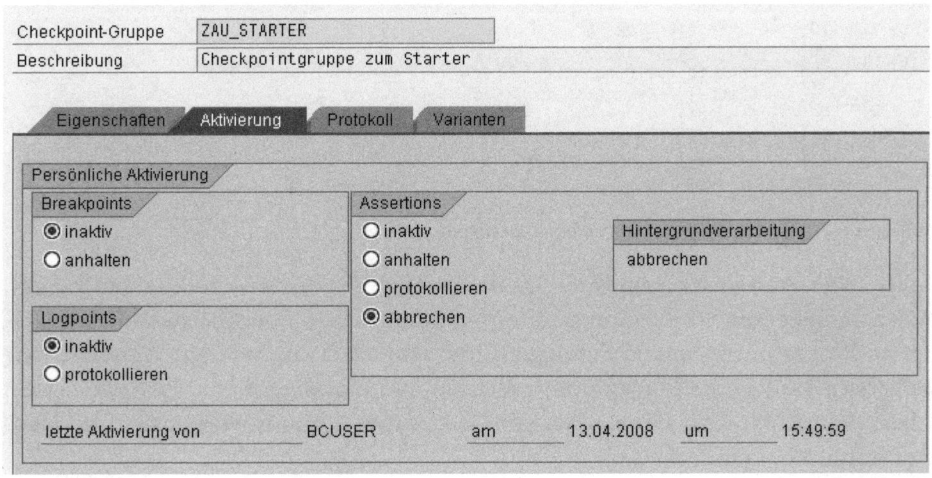

© sap AG

Abb. 8–5 *Einstellungsmaske der Checkpoint-Gruppe ZAU_STARTER*

Sichern Sie Ihre Änderungen und gehen Sie in den Report ZAU_DISPLAY_FLIGHT_BONUS zurück. Prüfen Sie erneut die Syntax und aktivieren Sie dann den Report.

Jetzt ist es an der Zeit, dass wir den Report und die darin enthaltenen Assertions prüfen. Führen Sie den Report durch Drücken des Buttons *Ausführen* aus:

© sap AG

Abb. 8–6 *Ausführen des Reports ZAU_DISPLAY_FLIGHT_BONUS*

Der Selektionsbildschirm des Reports wird aufgerufen. Da wir an dieser Stelle die `ASSERTION`s überprüfen möchten, werden wir nun den Report ohne Eingabe von Daten ausführen. Nach Ausführen des Reports erhalten Sie den erwarteten Laufzeitfehler:

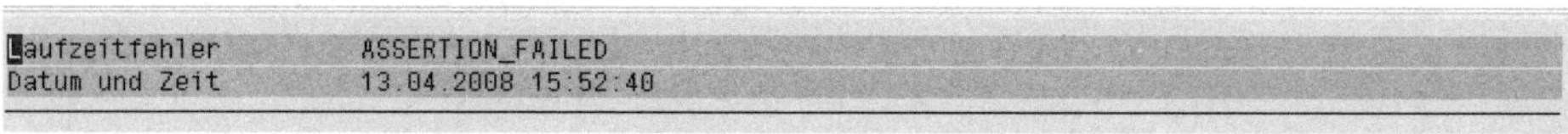

© sap AG

Abb. 8–7 *Laufzeitfehler des Reports ZAU_DISPLAY_FLIGHT_BONUS*

Wenn Sie zum Ende des Laufzeitfehler-Protokolls scrollen, sehen Sie auch die Abbruchstelle im Report:

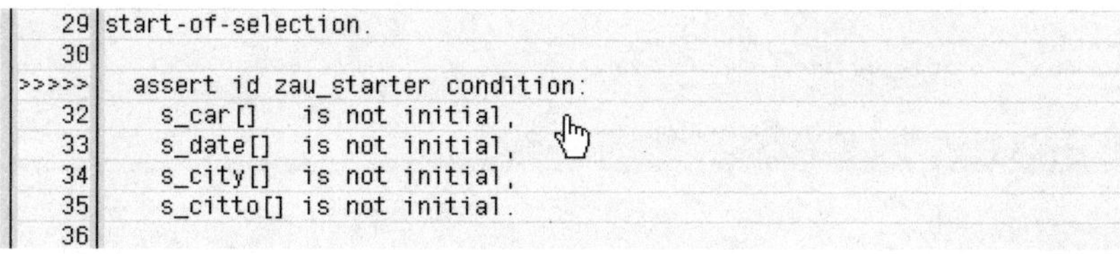

© sap AG

Abb. 8–8 *Abbruchstelle im Laufzeitfehler-Protokoll*

Mittels der Aktivierung und der Deaktivierung der Assertions können Sie ggf. Programme, deren Überprüfung zeitaufwändig wäre, da beispielsweise viele Zeilen an Programmcoding zu debuggen sind, einfacher analysieren. Wenn Sie eine Fehlersituation in dem Programm erwarten, dann aktivieren Sie Ihre angelegten Checkpoints, dadurch können Sie den Teil des Programms eingrenzen und Fehlerzustände eher entdecken.

8.2 BREAK-POINT

Break-Points sind Haltepunkte in einem ABAP-Programm, bei deren Erreichen in der Dialogverarbeitung in den ABAP Debugger verzweigt wird. Mit der Anweisung `BREAK-POINT` und dem Zusatz `ID` wir eine Zuordnung zur Checkpoint-Gruppe gemacht. Das bietet den Vorteil, dass die externe Aktivierung und Deaktivierung der Anweisung durch die Checkpoint-Gruppe erfolgt.

Der Einsatz der `BREAK-POINT`s findet eine große Verbreitung unter den Entwicklern. Die Anwendungen, die entwickelt werden, sind in einem großen Kontext integriert. Sie wollen den gesamten Kontext nicht debuggen, sondern an bestimmte Stellen springen, wenn Sie eine fehlerhaften Programmzustand haben. Auch Ihre eigene Anwendung kann diverse Schichten und Entwicklungskomponenten besitzen, sodass Sie gerne die Möglichkeit nutzen, nur an bestimmten Programmstellen den `BREAK-POINT` zu aktivieren.

Für die Beispielanwendung werden wir in der globalen Klasse `ZCL_FLIGHTS_BONUS` in jeder Verarbeitungsmethode einen aktivierbaren `BREAK-POINT` integrieren. Diese Checkpoint-Gruppen werden wir wie folgt organisieren:

- `ZAU_SELECT`
  Checkpoint-Gruppe zur Methode `SELECTION`
- `ZAU_REDUCE`
  Checkpoint-Gruppe zur Methode `REDUCE`
- `ZAU_MODIFY`
  Checkpoint-Gruppe zur Methode `MODIFY`
- `ZAU_UPLOAD`
  Checkpoint-Gruppe zur Methode `UPLOAD`
- `ZAU_DISPLAY`
  Checkpoint-Gruppe zur Methode `DISPLAY`

Gehen Sie nun in die Transaktion `SAAB` und legen Sie die obigen Checkpoint-Gruppen im Paket `ZAUNIT` und dem bekannten Transportauftrag an. Beachten Sie bitte bei der Anlage, dass Sie im Abschnitt *Breakpoints* die Checkbox auf *anhalten* setzen:

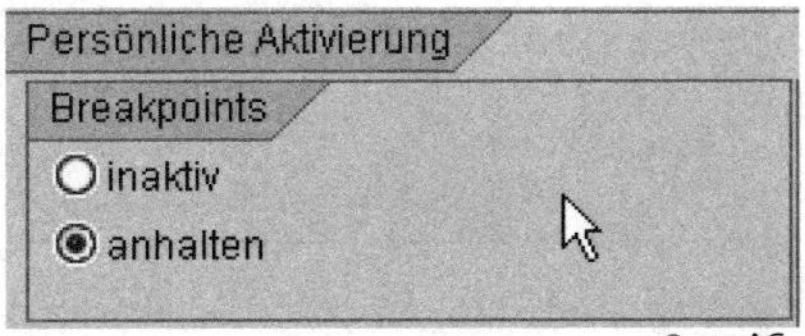

Abb. 8–9 *Breakpoint-Aktivierung in der Checkpoint-Gruppe*

Nachdem Sie alle Checkpoint-Gruppen angelegt und aktiviert haben, gehen Sie in die Klasse ZCL_FLIGHTS_BONUS, und zwar in den Methoden-Editor der Methode SELECTION. Fügen Sie die folgende Anweisung hinzu:

Listing 8–2

```
method selection.
  break-point id zau_select.
...
endmethod.
```

Gehen Sie nun in die Methoden REDUCE, MODIFY, UPLOAD und DISPLAY und fügen Sie die BREAK-POINT-Anweisung mit der zugehörigen ID hinzu.

Prüfen Sie die Syntax und aktivieren Sie die Programmänderungen.

Für die Checkpoint-Gruppen der BREAK-POINTs werden wir jetzt eine Aktivierungsvariante für Checkpoint-Gruppen anlegen. Aktivierungsvarianten dienen zum Speichern und Wiederverwenden komplexer Aktivierungen. Eine Aktivierungsvariante besteht aus einer Liste von Checkpoint-Gruppen und/oder ausführbaren Programmtypen (wie z.B. Programmen, Klassen usw.). Sie können für alle in der Aktivierungsvariante enthaltenen Objekte eine Aktivierungseinstellung speichern und diese nach Bedarf aktivieren und deaktivieren.

Wir legen die Checkpoint-Aktivierungsvariante ZAU_ALL an. Dort werden wir alle Checkpoint-Gruppen, die wir bisher erstellt haben, speichern. Gehen Sie in die Transaktion SAAB und legen Sie die globale Variante ZAU_ALL an:

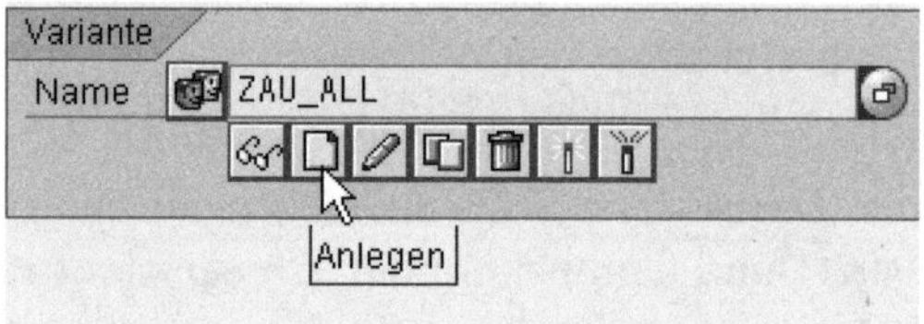

© sap AG

Abb. 8–10 *Checkpoint-Variante ZAU_ALL anlegen*

Geben Sie die folgende Beschreibung ein und drücken Sie den *Weiter*-Button:

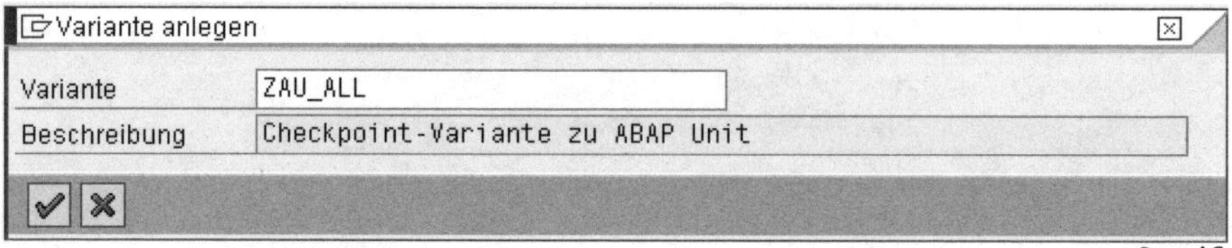

© sap AG

Abb. 8–11 *Beschreibung zur Checkpoint-Variante ZAU_ALL eingeben*

Tragen Sie im folgenden Dialog das Paket `ZAUNIT` ein und bestätigen Sie die weiteren Dialoge.

Tragen Sie die bisherigen Checkpoint-Gruppen ein und sichern Sie Ihre Einstellungen:

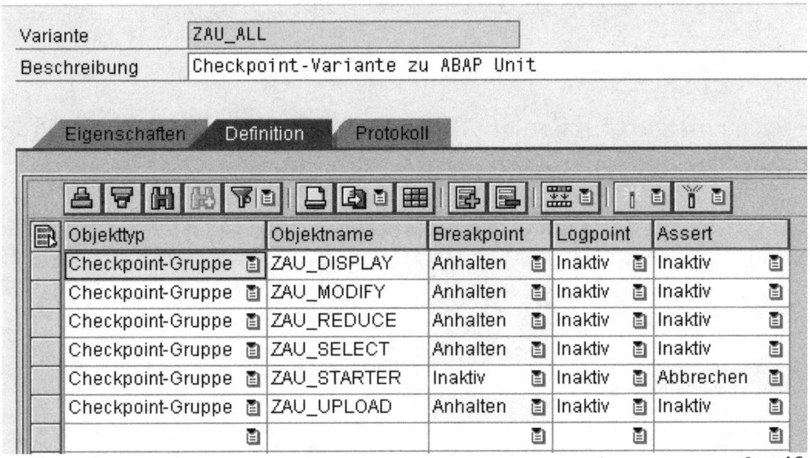

Abb. 8–12 *Checkpoint-Gruppen zur Checkpoint-Variante eingeben*

Nun können Sie über Aktivierung bzw. Deaktivierung der Varianten die gesamten Kontrollpunkte auf *Aktiv* oder *Inaktiv* setzen.

Aktivieren und Deaktivieren der Checkpoints beim Debuggen

Damit die vorgestellten Kontrollmechanismen dem Entwickler helfen, schneller die potenzielle Fehlerquelle zu finden, gibt es beim neuen Debugger die Möglichkeit, die Checkpoints zu aktivieren oder deaktivieren. Wenn Sie sich beim Debuggen befinden, wechseln Sie in den Tabreiter *Breakpoints/Watchpoints*:

Abb. 8–13 *Zum Tabreiter Break-/Watchpoints wechseln*

Daraufhin erhalten Sie weitere Tabreiter angezeigt. Wechseln Sie in den Tabreiter *Checkpoint-Aktivierungen*:

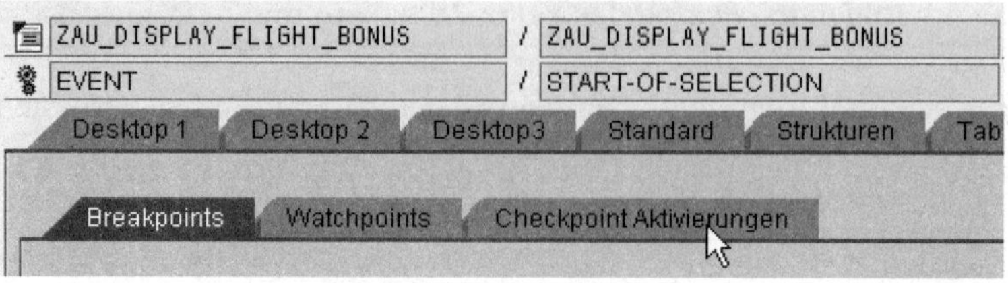

© sap AG

Abb. 8–14 *Tabreiter Checkpoint Aktivierungen*

Sie erhalten nun alle Checkpoint-Gruppen angezeigt, die im aktuellen Programm vorhanden sind:

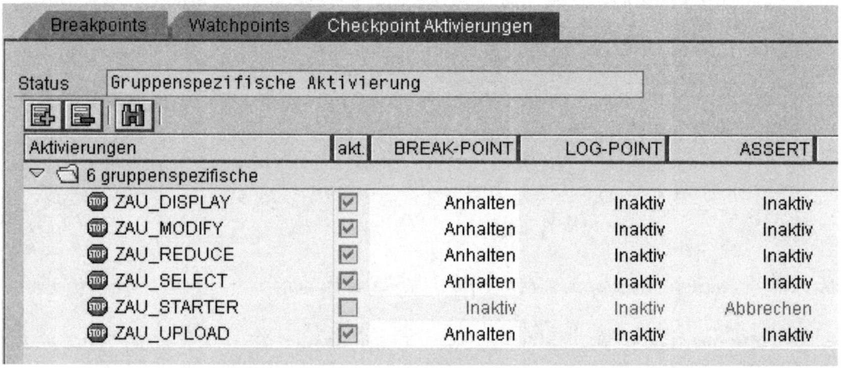

© sap AG

Abb. 8–15 *Übersicht der gruppenspezifischen Checkpoints*

Wenn Sie zum Eintrag ZAU_DISPLAY das Kontextmenü aufrufen (rechte Maustaste), können Sie die Aktivierung/Deaktivierung der Checkpoints für den aktuellen Programmlauf ändern:

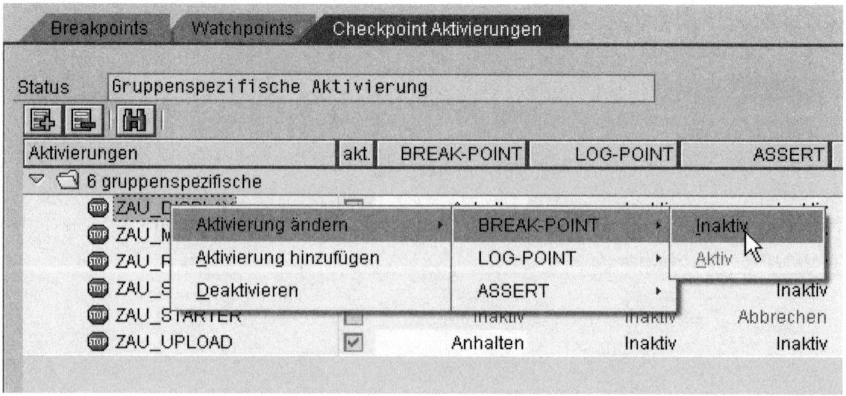

© sap AG

Abb. 8–16 *Checkpoint-Gruppen aktivieren*

Das Ergebnis der Änderung sehen Sie dann sofort im Debugger:

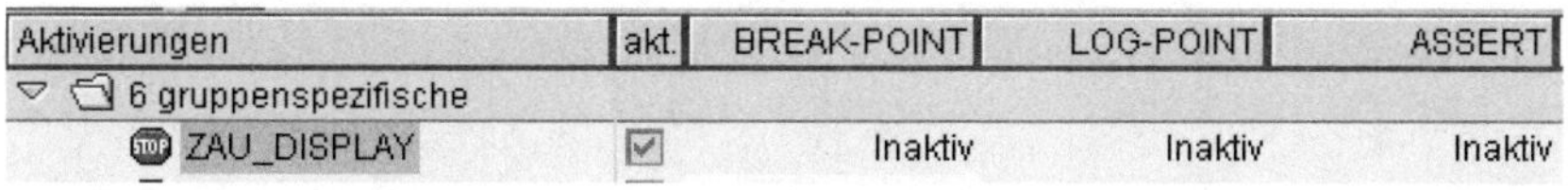

© sap AG

Abb. 8–17 *Ergebnis der Aktivierung*

Somit haben Sie die Möglichkeit, beim Debuggen flexibel die jeweiligen Checkpoint-Gruppen anzupassen, um eine bessere Analyse Ihres Laufzeitobjektes vorzunehmen.

8.3 Zusammenfassung

Dieses Kapitel hat Ihnen Techniken wie die aktivierbaren Checkpoints gezeigt, die im Zusammenhang mit den Checkpoint-Gruppen weitere Möglichkeiten bieten, Ihre Programme besser zu analysieren und auch qualitativ besser zu entwickeln, da Sie folgende Möglichkeiten zur Verfügung haben:

- `ASSERTIONs`, die basierend auf dem Design-by-Contract-Prinzip die Prüfung von erwarteten Zuständen ermöglichen.
- `BREAK-POINTs` sind Haltepunkte, die mittels der Checkpoint-Gruppen aktivierbar und deaktivierbar sind und somit Ihen eine Möglichkeit bieten, gezielt an den relevanten Programmstellen in den Debugging-Modus zu springen.
- Checkpoint-Gruppen ermöglichen Ihnen, die Checkpoints wie `ASSERTIONs` und `BREAK-POINTs` zu aktivieren und zu deaktivieren. Es ist eine externe Möglickeit, die Kontrollmechanismen in Ihren Programmen zu steuern.

9 Was wir nicht behandelt haben

»Fortschritt birgt immer ein Risiko, denn man kann nicht die zweite Stufe erklimmen und auf der ersten stehen bleiben.«

F. Wilcox

Zu Beginn dieses Buchprojekts war mir sofort klar, dass ich Ihnen nur ausgewählte Einblicke in das Thema Softwaretest, Entwickeln qualitativ guter Software und Einsatz des ABAP Unit Frameworks geben kann. Alle anderen Ziele hätten den Umfang dieses Buches gesprengt.

Dennoch möchte ich Ihnen einen kurzen Überblick über wichtige Themen geben, die natürlich auf direkte oder indirekte Art wesentlich für das Thema dieses Buches sind. Mein persönlicher Eindruck am Ende des Buches bleibt, dass jedes Kapitel Inhalt für mehrere Bücher liefert.

Requirements Engineering

Der Beginn einer jeden Softwareerstellung fängt mit der Aufnahme der Anforderungen an. Diese Phase des Entwicklungsprozesses ist gerade für Softwaretester wichtig, da dort die Abnahmetests der Software normalerweise dokumentiert sind. Diese Abnahmetests spiegeln im Endeffekt die Kriterien zur Vertragsabnahme der Software wider.

Test-Driven Development

Ist die englische Bezeichnung für die testgetriebene Entwicklung. Diese Vorgehensweise gehört zu den Agilen Softwareerstellungsprozessen und sieht vor, dass zuerst der Unit-Test entwickelt und dann der Test durchlaufen wird, der natürlich fehlschlägt. Im Nachgang wird dann die Software entwickelt. Diese Art der Entwicklung wird in kleinen Mikroiterationen ausgeführt. Die testgetriebene Entwicklung ist ein Ansatz, den Ursachen für eine nicht ausreichende Testabdeckung und einigen Nachteilen des White-Box-Testing zu begegnen.

Test-Double

Mit dem Begriff Test-Double sind alle Frameworks gemeint, die dafür sorgen, dass in größeren Anwendungen noch nicht entwickelte Schnittstellen simuliert bzw. »gedoppelt« werden. Dadurch ist es möglich, noch nicht entwickelte, in der Entwicklung befindliche bzw. fertige Schnittstellen zu doppeln und Ihnen das Schnittstellenverhalten zu implementieren, das für Ihren Unit-Test gerade notwendig ist. Unter Test-Doublen fallen für mich die Konstrukte wie:

- ⇨ Mocks
- Stubs
- Dummy-Objekte

Design Pattern

Dies ist die englische Bezeichnung für ⇨ Entwurfsmuster. Die entwickelten Programme wurden im objektorientierten Umfeld erstellt. Die Kenntnis der objektorientierten Sprachelemente wie Vererbung und Polymorphie ist die Basis, um sich in diesem Umfeld zurechtzufinden. Doch Kenntnis und Einsatz von Entwurfsmustern ist nichts anderes als der nächste Schritt, um die objektorientierten Sprachelemente besser zu beherrschen. Meiner Meinung nach ist dies wie der Übergang vom »Trocken-Schwimmen« zum echten »Schwimmen«.

Testpattern

So wie es bei der Erstellung von Software Entwurfsmuster gibt, so gibt es diese auch im Testbereich. Sie können die Erfahrung von Softwaretestern nutzen und einen Einblick in das weite Feld der Testpattern gewinnen. ⇨ [Binder 99], ⇨ [Meszaros 07]

Testprozesse

Es gibt eine Vielzahl an Testprozessen, die in der Praxis eingesetzt werden. Diese sehen unter anderem auch die Phase vor, dass der Entwickler seine Unit-Tests durchführt. Beispielsweise gehört es zu den agilen Prozessen, die das Unit Testing überwiegend einsetzen.

Testwerkzeuge

ABAP Unit ist ein Testwerkzeug im Umfeld des White-Box-Testverfahrens. Es gibt diverse Testwerkzeuge, die Ihnen die Arbeit erleichtern. Von den Capture & Replay Tools, die Ihre Anwendung auf der Benutzeroberfläche testen (GUI-Testwerkzeug) bis hin zu den Werkzeugen, die Testdaten generieren oder anhand der Modellierungsnotationen (UML-Modelle) die entsprechenden Tests generieren (Model-Driven Testing/Model-Based Testing). Eine große Anzahl an Testmanagement-Werkzeugen erleichtern Ihnen die Kontrolle und Dokumentation über Ihren Testprozess und unterstützen Sie mit diversen Reporting–Möglichkeiten dabei, einen Eindruck vom aktuellen Stand des Testprozesses zu erhalten.

Glossar

Dieses Glossar enthält Fachbegriffe aus dem Bereich Softwaretest, ABAP-Programmierung sowie ergänzende Begriffe aus der Softwaretechnik, die einen Bezug zu den behandelten Themen im Buch haben. Die Fachbegriffe sind im Text mit einem Pfeil gekennzeichnet.

ABAP [Abkürzung für **A**dvanced **B**usiness **A**pplication **P**rogramming], die Programmiersprache der SAP zur Programmierung der betriebswirtschaftlichen Software R/3 von SAP. Die Sprache unterstützt betriebswirtschaftliche Datentypen und Operationen und ist auf die Verarbeitung von R/3-Tabellen und -Ereignissen optimiert. In der dreistufigen Client-Server-Architektur des R/3-Systems – Datenbank/Applikation/Präsentation – kommt ABAP in der mittleren Stufe zum Einsatz: R/3-Anwendungsprogramme werden mit ABAP erstellt. ABAP-Programme kommunizieren mit dem Datenbank-Managementsystem der zentralen relationalen Datenbank (erste Stufe) und mit der grafischen Benutzerschnittstelle (dritte Stufe).

Die derzeit aktuelle Version ABAP/4 unterstützt die strukturierte und objektorientierte Programmierung und enthält alle gängigen Kontrollstrukturen und Modularisierungskonzepte. Als Entwicklungsumgebung bietet SAP (nur zusammen mit R/3) die ABAP-Workbench als integrierten Baukasten mit Werkzeugen an. [Brockhaus 2005]

ABAP Objects ABAP Objects ist die objektorientierte Erweiterung der Programmiersprache ABAP. ABAP Objects ist ab SAP Release 4.6 verfügbar und unterstützt alle objektorientierten Sprachelemente bis auf Mehrfachvererbung und Methodenüberladung. [URL: wiki_ABAP]

ABAP Unit In die ABAP-Laufzeitumgebung integriertes Testwerkzeug zur Überprüfung der Funktionalität von Codeeinheiten eines Programms (Modultests). Einzelne Tests werden als Testmethoden lokaler Testklassen in beliebigen ABAP-Programmen implementiert. Die Tests einer Testklasse benutzen das gleiche Fixture. Globale Testklassen können* nur in lokalen Testklassen verwendet werden. Die Eigenschaften eines Tests können bei der Definition einer lokalen Testklasse durch spezielle Pseudokommentare angegeben werden. Die Tests mehrerer ABAP-Programme können zu Testaufgaben zusammengestellt werden. [URL: SAP-Hilfe Netweaver 7.0]

(* Genauer gesagt, sollen globale Testklassen in lokalen Testklassen verwendet werden. Es ist jedoch streng genommen möglich, Testmethoden in globalen Testklassen laufen zu lassen. In diesem Fall würde eine Warnung vom System als Ergebnis geliefert werden.)

Akteur Ein Akteur ist eine Person, Organisation oder auch ein System, das mit dem Anwendungsfallsystem kommuniziert und es beeinflusst. Der Akteur befindet sich außerhalb der Systemgrenze, das heißt, er ist nicht Teil des Anwendungsfallsystems.

Aktivierbare Checkpoints Checkpoint, der durch den Zusatz `ID` der Anweisungen `ASSERT`, `BREAK-POINT` oder `LOG-POINT` einer Checkpoint-Gruppe zugeordnet wird. Das Verhalten eines aktivierbaren Checkpoints wird entweder durch die gruppenspezifischen Aktivierungseinstellungen oder programmspezifisch gesteuert, wobei programmspezifische Einstellungen für alle aktivierbaren Checkpoints eines Programms gelten und die Einstellungen der jeweiligen Checkpoint-Gruppe überschreiben. [URL: SAP-Hilfe Netweaver 7.0]

Anwendungsfall Ein Anwendungsfall beschreibt die Art und Weise, wie ein Akteur auf das System wirkt. Er ist eine Beschreibung für das äußerlich sichtbare Systemverhalten. Alle Anwendungsfälle zusammen ergeben demnach das systembeschreibende Modell. Anwendungsfälle sind ein Hilfsmittel zur Anforderungsanalyse, das heißt, sie sollen verdeutlichen, was das System leisten soll, aber nicht, wie das System etwas leisten soll. Anwendungsfälle helfen, die Kommunikation zwischen den zukünftigen Systemnutzern und den Systementwicklern zu unterstützen bzw. zu verbessern. Ein Anwendungsfall ist eine textliche Beschreibung der Akteure, der Ereignisse und der Interaktionen zwischen Akteuren und Ereignissen (auch untereinander).

Äquivalenzklasse Eine Menge von Werten, bei der jeder Wert als Eingabe für ein Testobjekt gleichartiges Sollverhalten zeigt (Äquivalenzklasse von Eingabewerten) sowie als Ergebnis eines Testlaufs gleichartiges Sollverhalten aufzeigt (Äquivalenzklasse von Ausgabewerten)

Attribut Ein Attribut ist ein Datenelement, das in jedem Objekt einer Klasse gleichermaßen enthalten ist und von jedem Objekt mit einem individuellen Wert repräsentiert wird.

Block-Box-Verfahren Alle Verfahren, die zur Herleitung oder Auswahl der Testfälle keine Information über die innere Struktur des Testobjekts benötigen.

Capture & Replay Tool

Ein Werkzeug zur Unterstützung der Testausführung, wobei Eingaben des Benutzers während der manuellen Testdurchführung zur Erzeugung von ausführbaren wiederholbaren Testskripten verwendet werden. Solche Testwerkzeuge werden i.d.R. zur Unterstützung von Regressionstests genutzt. [URL: ISTQB Glossar]

Design by Contract (englisch: Entwurf gemäß Vertrag) oder kurz DBC ist ein Konzept aus dem Bereich der Softwareentwicklung. Ziel ist das reibungslose Zusammenspiel einzelner Programmmodule durch die Definition formaler »Verträge« zur Verwendung von Schnittstellen, die über deren statische Definition hinausgehen. Entwickelt und eingeführt wurde es von Bertrand Meyer mit der Entwicklung der Programmiersprache Eiffel.

Das reibungslose Zusammenspiel der Programmmodule wird durch einen »Vertrag« erreicht, der beispielsweise bei der Verwendung einer Methode einzuhalten ist. Dieser besteht zum einen aus den Vorbedingungen (engl. precondition), also den Zusicherungen, die der Aufrufer einzuhalten hat, zum anderen aus den Nachbedingungen (engl. postcondition), also den Zusicherungen, die der Aufgerufene einhalten wird.

In einem konkreten Vertrag für eine Methode werden dann die Wertebereiche der Eingangsparameter genau klassifiziert sowie deren Randbedingungen und Anforderungen festgehalten. Dementsprechend werden auch die Ausgangsparameter beschrieben. Es wird also exakt definiert, in welcher Situation eine Methode welche Werte verarbeiten kann. Sofern sich der Aufrufende daran hält, können keine Fehler auftreten, und die Methode liefert garantiert keine unerwarteten Ergebnisse.

Somit wird zusätzlich zu den von der Programmiersprache selbst verwendeten Sicherungsverfahren, wie zum Beispiel der Typenkontrolle, auch eine semantische Sicherung ermöglicht. Das bedeutet, dass auch solche Bedingungen sicher eingehalten werden, die nicht mit den Mitteln der Programmiersprache selbst beschrieben werden können.

Durch die Definition von Vor- und Nachbedingung kann ein Modul durch ein beliebiges ausgetauscht werden, wenn dieses denselben »Vertrag« erfüllt.
[URL: wiki Design by Contract]

Design Pattern siehe **Entwurfsmuster**

eCATT [Abkürzung für **E**xtended **C**omputer **A**ided **T**est **T**ool] wird für das Anlegen und Durchführen von Funktionstests von Software verwendet. Es soll vorrangig dem automatischen Testen von SAP-Geschäftsprozessen dienen. Jeder Test legt ein detailliertes Protokoll an, in dem der Testverlauf und die Ergebnisse dokumentiert werden.

eCATT ermöglicht das automatische Testen in SAP GUI for Windows und SAP GUI for Java. Um eine umfassende Testlösung mit anderen Benutzeroberflächen anzubieten, verfügt eCATT über Schnittstellen für Werkzeuge von Drittanbietern.
[URL: SAP-Hilfe Netweaver 7.0]

Entwurfsmuster Ein Entwurfsmuster (engl. design pattern) beschreibt eine bewährte Lösungsschablone für ein Entwurfsproblem. Es stellt damit eine wiederverwendbare Vorlage zur Problemlösung dar, die in einem spezifischen Kontext einsetzbar ist. Entstanden ist der Ausdruck in der Architektur, von der er für die Softwareentwicklung übernommen wurde. In den letzten Jahren hat der Ansatz der Entwurfsmuster auch zunehmendes Interesse im Bereich der Mensch-Computer-Interaktion gefunden. Aber auch in nicht-informatischen Bereichen findet diese Idee immer mehr Eingang.

Ein gutes Muster sollte
- ein oder mehrere Probleme lösen,
- ein erprobtes Konzept bieten,
- auf realen Designs basieren,
- über das rein Offensichtliche hinausgehen,
- den Benutzer in den Entwurfsprozess einbinden,
- Beziehungen aufzeigen, die tiefergehende Strukturen und Mechanismen eines Systems umfassen.

Entwurfsmuster beinhalten in der Regel Referenzen auf andere Muster. Mithilfe dieser ist es möglich, Mustersprachen zu entwickeln. [URL: Entwurfsmuster]

Fixture Testkonfiguration, aus der ein eindeutiges Testverhalten resultiert. Eine Fixture umfasst Testdaten, Testobjekte, Ressourcen und Verbindungen. In ABAP Unit wird eine Fixture durch die Methoden [class_]setup und [class_]teardown von Testklassen realisiert. [URL: SAP-Hilfe Netweaver 7.0]

Friends Mit dem Zusatz `FRIENDS` macht die Klasse (im Folgenden Definitionsklasse genannt), in der die Anweisung `FRIENDS` definiert ist, andere Klassen bzw. Interfaces zu ihren Freunden. Gleichzeitig werden sämtliche Unterklassen der bekannt gemachten `FRIENDS`-Klasse und sämtliche Klassen, die eines der `FRIENDS`-Interfaces implementieren, sowie sämtliche Interfaces, die eines der `FRIENDS`-Interfaces als Komponenten-Interface enthalten, zu Freunden der Klasse, die die `FRIENDS`-Anweisung definiert. Es muss mindestens eine Klasse oder ein Interface angegeben werden.

Die Freunde einer Klasse haben unbeschränkten Zugriff auf die geschützten und privaten Komponenten der Klasse und können uneingeschränkt Instanzen der Klasse erzeugen.

Die Freunde von der Definitionsklasse sind nicht automatisch auch Freunde der Unterklassen von der Definitionsklasse. Die Definitionsklasse wird durch den Zusatz `FRIENDS` nicht zum Freund ihrer Freunde.

Hinweis : Der Zusatz `FRIENDS` muss als letzter hinter den übrigen Zusätzen angegeben werden. [URL: SAP-Hilfe Netweaver 7.0]

Geschäftsvorfall Ein Geschäftsvorfall beschreibt die gesamte Abfolge von Arbeitsgängen, um diesen Prozess fertigzustellen. Dabei können auch Teilprozesse enthalten sein, die nicht Bestandteil des Systems sind.

Grenzwertanalyse Fehlerorientiertes Testverfahren, verlangt die Wahl von Testfällen, die auf bzw. knapp inner- und außerhalb der Randbereiche der Äquivalenzklassen liegen.

Integrationstest Der Begriff Integrationstest bezeichnet in der Softwareentwicklung eine aufeinander abgestimmte Reihe von Einzeltests, die dazu dienen, verschiedene voneinander abhängige Komponenten eines komplexen Systems im Zusammenspiel miteinander zu testen. Die erstmals im gemeinsamen Kontext zu testenden Komponenten haben jeweils einen Unit-Test erfolgreich bestanden und sind für sich isoliert fehlerfrei funktionsfähig. [URL: wiki_Integrationstest]

Klasse Vorlage für Objekte in ABAP Objects. Mit `CLASS – ENDCLASS` entweder global in einem Class-Pool oder lokal in einem beliebigen ABAP-Programm definiert. Die Definition einer Klasse setzt sich aus einem Deklarationsteil für die Deklaration der Klassenkomponenten und einem Implementierungsteil für die Implementierung der Methoden zusammen. [URL: SAP-Hilfe Netweaver 7.0]

Klassenbasierte Ausnahmen Seit Release 6.10 gibt es klassenbasierte Ausnahmen. Klassenbasierte Ausnahmen werden als Instanzen von Ausnahmeklassen realisiert. Ausnahmeklassen sind entweder global im System vordefiniert oder können sowohl global als auch lokal selbst definiert werden. Klassenbasierte Ausnahmen werden entweder von der ABAP-Laufzeitumgebung oder programmgesteuert ausgelöst.

Vom System erkannte Ausnahmesituationen, deren Ursachen sinnvoll im Programm behandelbar sind, lösen vordefinierte klassenbasierte Ausnahmen aus. Dies geschieht insbesondere in allen Situationen, in denen vor Release 6.10 abfangbare Laufzeitfehler ausgelöst wurden.

Die Ausnahmen aller in einem Programm sichtbaren Ausnahmeklassen können mit der Anweisung `RAISE EXCEPTION` ausgelöst werden.

Klassenbasierte Ausnahmen können in der Schnittstelle von Prozeduren deklariert sein. Bei lokalen Prozeduren geschieht dies mit dem Zusatz `RAISING` der Anweisungen `METHODS` und `FORM`. Im Class und im Function Builder geschieht dies durch die Auswahl von Ausnahmeklassen bei der Definition von Ausnahmen in der Schnittstelle. Die deklarierten Ausnahmen können an der Aufrufstelle einer Prozedur auftreten, wenn die Ausnahme nicht in der Prozedur behandelt wird.

Beim Auslösen einer Ausnahme wird ein Ausnahmeobjekt erzeugt, dessen Attribute Informationen zur Fehlersituation enthalten. Eine klassenbasierte Ausnahme ist in einer `TRY`-Kontrollstruktur behandelbar. Dabei wird durch einen `TRY`-Block ein geschützter Bereich definiert, dessen Ausnahmen von nachfolgenden `CATCH`-Blöcken behandelt werden können. Da alle Ausnahmeklassen Unterklassen gemeinsamer Oberklassen sind, können durch die Behandlung von Oberklassen thematisch zusammengehörige Ausnahmen gemeinsam behandelt werden. Das Ausnahmeobjekt bzw. die klassenbasierte Ausnahme wird vom System so lange propagiert, bis die Ausnahme behandelt oder eine Schnittstelle verletzt wird.
[URL: SAP-Hilfe Netweaver 7.0]

Komponente (lat.: componere = zusammenstellen), allgemein ein Bestandteil eines Ganzen. Komponenten können ihrerseits wieder in Komponenten unterteilt sein. Bei Computern kommen sowohl Hardwarekomponenten (z.B. Steckkarten) als auch Softwarekomponenten (z.B. Treiber) zum Einsatz. Ein Softwaremodul (Modul) stellt eine Komponente einer Anwendung dar. Unterprogramme bzw. Prozeduren sind ebenfalls Komponenten.

Bei der Programmierung versteht man unter einer Komponente einen funktional oder konstruktiv zusammengehörigen, abgeschlossenen Bestandteil eines Systems. [Brockhaus 2005]

Mock-Objekt Mock-Objekte werden in der testgetriebenen Softwareentwicklung »Dummy«-Objekte genannt, die als Platzhalter für echte Objekte innerhalb von Unit-Tests verwendet werden.

Ein Ziel bei Unit-Tests ist der Test einer isolierten Unit, also exakt dieser Unit und nicht irgendwelcher von ihr genutzten Ressourcen (Units). Da Units jedoch häufig andere Komponenten nutzen, um ihre Aufgabe zu erledigen, können solche Units schlecht isoliert getestet werden. In diesen Fällen können Mock-Objekte helfen (von englisch to mock, »etwas vortäuschen«). Um eine Unit zu isolieren, werden alle genutzten Fremd-Units als Mock Objects nachgebildet. Mock-Objekte implementieren die Schnittstelle, über die das zu testende Objekt auf seine Umgebung zugreift. Sie stellen sicher, dass die erwarteten Methodenaufrufe vollständig, mit den korrekten Parametern und in der erwarteten Reihenfolge durchgeführt werden. Vom Mock Object zurückgeliefert werden keine Echtdaten, sondern vorher, zum Testfall passende, festgelegte Werte.

Beim Integrationstests werden statt Mock Objects Tests gegen die realen Ressourcen (Units) durchgeführt. Gelegentlich wird die Kommunikation mit den Ressourcen durch einen lokalen Stub (Proxy) vereinfacht. Mock Objects können innerhalb von Integrationstests einzelner Systeme auf Seiten der Ressource eingesetzt werden, um für die Tests die Komplexität der darunterliegenden Prozesse zu reduzieren. Wenn alle Systeme im Zuge von Integrationstests im Gesamtverbund getestet werden sollen, erfolgt dies ohne Mock Objects. [URL: wiki Mock-Objekt]

Objekt Ein Objekt ist ein aktives, konkret vorhandenes Modellelement in einem laufenden System. Es ist ein Exemplar einer Klasse, gekennzeichnet durch eine Anzahl von Attributen, deren Struktur durch die Klasse, der das Objekt entstammt, definiert ist, deren Werte jedoch bei jedem Objekt individuell sein können. Ein Objekt verfügt über eine endliche Anzahl von durch seine Klasse vorgegebenen Operationen und kann somit auf empfangene Nachrichten reagieren.

Operationen Durch Nachrichten können Objekte miteinander kommunizieren und Operationen aufrufen. Operationen sind Dienstleistungen, die von einem Objekt aufgerufen werden können. Sie werden durch ihre Signatur (Operationsname, Parameter, Rückgabewert) beschrieben. Eine Methode ist die Implementation einer Operation. Sie besteht aus einer Folge von Anweisungen.

Prüfobjekt Dokument oder Programm, das auf Fehler und Unstimmigkeiten untersucht wird.

Pseudokommentar Spezieller Zeilenendekommentar. Ein Pseudokommentar beginnt mit dem Ausdruck `#EC` und nimmt entweder den Inhalt dieser Zeile vom zugeordneten Test der erweiterten Programmprüfung aus oder bestimmt die Testeigenschaften für eine Testklasse. [URL: SAP-Hilfe Netweaver 7.0]

Refactoring Refactoring (deutsch auch Refaktorisierung, Refaktorierung oder schlicht Umgestaltung) bezeichnet in der Softwareentwicklung die manuelle oder automatisierte Strukturverbesserung von Programmquelltexten unter Beibehaltung des beobachtbaren Programmverhaltens. Dabei sollen die Lesbarkeit, Verständlichkeit, Wartbarkeit und Erweiterbarkeit verbessert werden, mit dem Ziel, die Aufwände für Fehleranalyse und funktionale Erweiterungen deutlich zu senken.

Review Mit dem Review werden Arbeitsergebnisse der Softwareentwicklung (einschließlich Code) manuell geprüft. Jedes Arbeitsergebnis kann einem Review unterzogen werden. Der Review ist eine statische Testmethode und gehört in die Kategorie der analytischen Qualitätssicherungsmaßnahmen.

In Anlehnung an die IEEE-Norm 729 ist der Review ein mehr oder weniger formal geplanter und strukturierter Analyse- und Bewertungsprozess, in dem Projektergebnisse einem Team von Gutachtern präsentiert und von diesem kommentiert oder genehmigt werden. [URL: wiki Review]

Smalltalk Smalltalk ist eine dynamisch typisierte objektorientierte Programmiersprache und zugleich eine vollständige Entwicklungsumgebung, die in den 1970er Jahren am Xerox PARC Forschungszentrum durch Alan Kay, Dan Ingalls, Adele Goldberg und andere entwickelt wurde. Sie wurde allgemein unter dem Namen Smalltalk-80 freigegeben und hat die Entwicklung vieler späterer Programmiersprachen wie z. B. Objective-C, Java und Ruby beeinflusst. Smalltalk wurde von Lisp und Simula mit ihrem Klassenkonzept beeinflusst und wurde nach Simula-67 die erste populäre objektorientierte Programmiersprache.

Smalltalk ist im Gegensatz zu Sprachen wie C++ oder Java eine rein objektorientierte Programmiersprache, d.h., Datentypen wie Integer, Character o. Ä. sind ebenfalls vollwertige Objekte. Die Smalltalk-Entwicklungsumgebung enthielt viele Ideen, die später mit der Macintosh- und Atari- und dannach auch mit der Windows-Benutzeroberfläche verbreitet wurden. Verwendet wurde ein Grafikbildschirm mit verschiebbaren Fenstern, Aufklappmenüs und Schriften von verschiedener Größe. Eine Maus mit drei Tasten – rot, blau und gelb – diente erstmals als zusätzliches Eingabegerät. Das Model-View-Controller-Konzept (MVC) spielte in der Smalltalk-80-Entwicklungsumgebung eine wesentliche Rolle.
[URL: wiki Smalltalk]

Sichtbarkeitsbereich Der Deklarationsteil einer Klasse kann in bis zu drei Sichtbarkeitsbereiche unterteilt werden. Diese Bereiche sind öffentlich, geschützt oder privat. Sie definieren die Sichtbarkeit der Komponenten der Klasse und somit die Schnittstellen der Klasse für ihre Verwender. [URL: SAP-Hilfe Netweaver 7.0]

Stereotyp Stereotypen erweitern die vorhandenen Modellelemente des UML-Metamodells projekt-, unternehmens- oder methodenspezifisch. Das entsprechende Modellierungselement wird direkt durch die definierte Semantik beeinflusst.

Auch Attribute, Operationen und Assoziationen können mit Stereotypen klassifiziert werden. Attribute und Operationen werden dadurch innerhalb der Klasse in entsprechende Gruppen gegliedert.

Struktureller Test Dynamischer Test, bei dem die Testfälle unter Berücksichtigung der Struktur des Testobjekts hergeleitet werden und die Vollständigkeit der Prüfung (Überdeckungsgrad) anhand von Strukturelementen (z.B. Zweige, Pfade, Daten) bewertet wird. Oberbegriff für kontroll- und datenflussbasierte Tests.

Stubs Ein Stub (vom englischen Wort stub für »Stubben«, »Stummel«, »Stumpf«) oder Stutzen bezeichnet in der Softwareentwicklung einen Programmcode, der anstelle eines anderen Programmcodes steht. Ein Stub entspricht darin dem Entwurfsmuster »Stellvertreter« (proxy). Dabei ist der Programmcode, den der Stub ersetzt, entweder noch nicht entwickelt, zu kompliziert (z. B. während eines Tests) oder er liegt auf einem anderen Rechner oder in einem anderen Speicherbereich. In den letzten beiden Fällen ist der Stub der lokale Anknüpfungspunkt, um ansonsten nur über komplexe Protokolle erreichbare Softwarekomponenten einfach anzusprechen und die Komplexität zu verbergen.

Insbesondere kommen Stubs bei der Entwicklung verteilter Systeme zur Anwendung: Die Funktionalität eines entfernten, nur über ein Netzwerk erreichbaren Softwaresystems wird auf dem lokalen System in Form einer »Stub-Komponente« zur Verfügung gestellt. Diese Stub-Komponente kann von der Software des lokalen Systems so angesprochen werden, als wäre die Funktionalität des entfernten Systems lokal vorhanden. Statt aber diese gewünschte Funktion tatsächlich zu implementieren, übersetzt die Stub-Komponente die Anfragen in Netzwerkaufrufe, kommuniziert mit dem fernen System und delegiert die Aktion an dieses. Für das nutzende System bleibt dieser Kommunikationsvorgang verborgen.
[URL: wiki Stubs]

Testaufgabe Zusammenfassung der Tests eines oder mehrerer ABAP-Programme in ABAP Unit, für die ein Testlauf ausgeführt werden kann.
[URL: SAP-Hilfe Netweaver 7.0]

Testmethode Spezielle Instanzmethode einer Testklasse, in der ein Test implementiert ist. Testmethoden werden über den Zusatz `FOR TESTING` der Anweisung `METHODS` definiert und während eines Testlaufs des Werkzeugs ABAP Unit aufgerufen. [URL: SAP-Hilfe Netweaver 7.0]

Testklasse Spezielle lokale oder globale (seit Release 7.0) Klasse, in der Tests für ABAP Unit in Form von Testmethoden implementiert sind. Eine Testklasse fasst zusammengehörige Tests zusammen, die das gleiche Fixture benutzen. Testklassen werden über den Zusatz `FOR TESTING` der Anweisung `CLASS` definiert. Testklassen sind ausschließlich im Rahmen von Testläufen verwendbar und werden in Produktivsystemen standardmäßig nicht generiert.
[URL: SAP-Hilfe Netweaver 7.0]

Testlauf Ausführung einer Testaufgabe in ABAP Unit. Testläufe für Testaufgaben eines einzelnen Programms können über das Programm bzw. den Funktionsbaustein Testen -> Modultest bzw. Klasse ->Modultest direkt im zugehörigen Editor gestartet werden. Umfassendere

Testläufe werden über den *Code Inspector* ausgeführt. Nach einem Testlauf wird das Ergebnis in der Oberfläche von ABAP Unit angezeigt.
[URL: SAP-Hilfe Netweaver 7.0]

White-Box-Verfahren Alle Verfahren, die zur Herleitung oder Auswahl der Testfälle Information über die innere Struktur des Testobjekts benötigen (s. a. struktureller Test).

Literatur

Softwaretest allgemein

[Beizer 90] Beizer, Boris: Software Testing Techniques, Second Edition, Van Nostrand Reinhold 1990.

[Beizer 95] Beizer, Boris: Black-Box Testing, John Wiley & Sons, Inc. 1995.

[Myers 82] Myers, Glenford J: Methodisches Testen von Programmen, 7. Auflage; Oldenburg Verlag 2001.

[Spillner 03] Spillner, Andreas; Linz, Tilo: Basiswissen Softwaretest, dpunkt.verlag 2003

[Thaller 00] Thaller, G.E.: Software-Test, Verifikation und Validation, Heise Verlag 2000.

Objektorientiertes Testen

[Baker 08] Baker, Paul; Dai, Zhen Ru; Grabowski, Jens; Øystein, Haugen; Schieferdecker, Ina; Williams, Clay: Model-Driven Testing; Springer Verlag 2008.

[Beust 08] Beust, Céderic, Suleiman, Hani: Next Generation Java Testing; Addison-Wesley – Pearson Education 2008.

[Binder 99] Binder, Robert: Testing Object-Oriented Systems; Addison-Wesley – Pearson Education Inc. 1999.

[Gross 05] Gross, Hans-Gerhard: Component-Based Software Testing with UML; Springer Verlag 2005.

[Sneed 02] Sneed, M. Harry; Winter, Mario: Testen objektorientierter Software; Hanser Verlag 2002.

[Thomas 04] Thomas, Jon; Young, Matthew; Brown, Kyle; Glover, Andrew: Java Testing Pattern; Wiley Publishing, Inc. 2004.

Unit Testing

[Beck 04] Beck, Kent: JUnit Pocket Guide, O'Reilly Media, Inc. 2004.

[Beck 03] Beck, Kent: Test-Driven Development; Addison-Wesley – Pearson Education Inc. 2003.

[Link 02] Link, Johannes; Fröhlich, Peter: Unit-Tests mit Java; dpunkt.verlag 2002.

[Meszaros 07] Meszaros, Gerard: xUnit-Test Patterns; Addison-Wesley – Pearson Education Inc. 2007.

[Westphal 06] Westphal, Frank: Testgetriebene Entwicklung mit JUnit & FIT; dpunkt.verlag 2006.

Programmierung SAP

[Keller 06] Keller, Horst; Krüger, Sascha: ABAP Objects, 3. Auflage, Galileo Press 2006.

[Wolf 07] Wolf, Frank: ABAP Objects, dpunkt.verlag 2007.

Programmierung allgemein

[Beck 96] Beck, Kent: Smalltalk Best Pracice Patterns, Prentice Hall 1996.

[Beck 08] Beck, Kent; Implementation Patterns; Addison-Wesley – Pearson Education Inc. 2008.

[Fowler 99] Fowler, Martin: Refactoring, Addison-Wesley – Pearson Education Inc. 1999.

[Gamma 95] Gamma, Erich; Helm, Richard; Johnson, Ralph; Vlissides, John: Design Pattern; Addison-Wesley – Pearson Education Inc. 1995.

Sonstige Literatur

[Brockhaus 05] Der Brockhaus – Computer und Informationstechnologie; Bibliographisches Institut & F. A. Brockhaus 2005.

Online-Quellen

[URL: Fowler_xUnit] Entstehungsgeschichte der xUnit Frameworks von Martin Fowler. *http://www.martinfowler.com/bliki/Xunit.html*

[URL: ISTQB Glossar] Glossar des International Software Testing and Quality Boards zum Thema Softwaretest. *http://www.imbus.de/glossary/glossary.pl?filter=&show_Deutsch=on&pagetype=&Display=*

[URL: JUnitFAQ] JUnit FAQ – Häufig gestellte Fragen zu JUnit. *http://www.junit.sourceforge.net/doc/faq/faq.htm*

[URL: mocks arent stubs] *http://martinfowler.com/articles/mocksArentStubs.html*

[URL: OMG] Startseite der Object Management Group, die sich um Standardisierung bei einer Vielzahl von Technologien kümmert. http://www.omg.org

[URL: SAP-Hilfe Netweaver 7.0] SAP-Hilfe-Seiten zum Netweaver Release 7.0. *http://help.sap.com/saphelp_nw70/helpdata/de/e1/8e51341a06084de10000009b38f83b/frameset.htm*

[URL: SDN] SDN – SAP Developer Network ist das Entwicklerforum für Entwickler, welches von der SAP zur Verfügung gestellt wird. *http://www.sdn.sap.com*

[URL: SWT Glossar] Glossar zu Begriffen der Softwaretechnik von Prof. Dr. H. Balzert. *http://www.software-technik.de/microsoft/glossar/*

[URL: wiki ABAP OO] Wikipedia-Eintrag zum Begriff ABAP. *http://de.wikipedia.org/wiki/ABAP*

[URL: wiki DBC] Wikipedia-Eintrag zum Begriff Design by Contract. *http://de.wikipedia.org/wiki/Design_by_Contract*

[URL: wiki Entwurfsmuster] Wikipedia-Eintrag zum Begriff Entwurfsmuster (engl. Design Pattern). *http://de.wikipedia.org/wiki/Design_Pattern*

[URL:wiki Framework] Wikipedia-Eintrag zum Begriff Framework. *http://de.wikipedia.org/wiki/Framework*

[URL: wiki Integrationstest] Wikipedia-Eintrag zum Begriff Integrationstest. *http://de.wikipedia.org/wiki/Integrationstest*

[URL: wiki Mock] Wikipedia-Eintrag zum Begriff Mock-Objekt. *http://de.wikipedia.org/wiki/Mock-Objekt*

[URL: wiki Review] Wikipedia-Eintrag zum Begriff Review (Softwareentwicklung). *http://de.wikipedia.org/wiki/Review_%28Softwareentwicklung%29*

[URL: wiki Smalltalk] Wikipedia-Eintrag zur Programmiersprache Smalltalk. *http://de.wikipedia.org/wiki/Smalltalk-80_(Programmiersprache)*

[URL: wiki Stubs] *http://de.wikipedia.org/wiki/Stub_(Programmierung)*

[URL: wiki_xUnit] Wikipedia-Eintrag zum Begriff xUnit. *http://en.wikipedia.org/wiki/XUnit*

[URL: W-Modell] Vorgehensmodell für die Softwareentwicklung von Prof. Dr. Spillner. *http://www.hs-bremen.de/Deutsch/Seiten.asp?SeitenID=11770*

[URL: xUnit Patterns] Umfangreiche Seite zu xUnit von Gerard Meszaros. *http://www.xunitpatterns.com*

Normen

[IEEE 1008-1987] IEEE Std 1008-1987, IEEE Standard for Software Unit Testing, 1986.

[IEEE 610.12] IEEE Std 610.12-1990, IEEE Standard Glossary of Software Engineering Terminology (Rev. and redisignation of IEEE Std 729-1983).

Index

A

B

T